스타강사 유수연의
원 포인트 잉글리시

스타강사 유수연의 원포인트 잉글리시

살림

영어 실력을 두 배로 늘려 주는 1% 차이의 비밀

이미 영어 실력은 충분하다

왜 우리는 항상 영어에 주눅이 들어야 할까? 왜 "나 집에 있어."라는 한마디에도 home을 쓸지 house를 쓸지 고민하느라 벙어리가 되어 버리는 걸까? "나는 길에 서 있다."는 말을 할 때 도대체 road와 street 중 어떤 단어를 써야 할까?

그런데 외국인 강사들은 한국 학생들의 어휘 실력에 매우 놀란다. abolish, abominate, abdicate 등 수준 높은 영단어들을 많이 알기 때문이다. 우리는 그 이유를 알고 있다. 그 단어들은 우리나라의 모든 어휘 관련 책들의 첫 페이지에 나오기 때문이다. 어휘 공부를 한다고 할 때마다 앞에서부터 몇 페이지 보다가 덮어 버렸던 책들 말이다. 우리는 매번 중도에 포기하고 나서 늘 이렇게 중얼거린다. "어휘가 달려서 영어가 안 된다."고.

과연 우리가 어휘가 달려서 영어를 못하는 걸까? 전혀 그렇지 않다. 조사 방법에 따라 다르긴 하지만 일상적인 언어활동은 800~2,000개 정도의 단어만 알면 충분하다는 연구 결과가 많이 나와 있다. 이는 한국인이나 일본인의 기준으로 보면 중학교에서 고등학교 1학년 정도가 알고 있는 어휘의 수다. 우리는 이미 배울 만큼 다 배웠다는 뜻이다. 그런데 왜 영어가 안 될까?

1,000단어만 알면 충분하다는 이야기는 그 단어의 단편적인 뜻만 암기하

면 된다는 말이 아니다. 원어민들도 놀랄 만큼 어려운 단어를 많이 알고 있는 우리나라 학생들은 정작 for와 during의 차이를 모르고 answer와 reply를 구별하지 못하는 경우가 많다. 한마디로 제대로 알고 있지 않다는 뜻이다.

열심히는 하지만 헛공부다

우리나라에서 출제되는 영어 시험(예를 들어, 고시용 영어 시험이나 기업 공채 영어 시험 등)은 대개 일상에서 영어를 사용하지 않는 우리나라 사람들이 출제하는 것이어서 어려운 단어와 난해한 문법 위주다. 하지만 일상적인 영어 능력을 측정하는 토익은 어휘가 쉽다. 그리고 단어의 뜻만 물어보는 단순한 문제도 거의 없다. 토익에서 중요한 것은 1,000개의 단어라도 제대로 선택해서 문장으로 쓸 줄 아는 능력이다. 이 능력을 기르지 않으면, 단어는 아는데 문장은 만들지 못하게 된다. 헛공부한 셈이다.

영어는 학문이 아니다. 우리가 영어를 공부하는 이유는 영어로 석박사를 따려는 게 아니라 커뮤니케이션을 하기 위해서다. 한국에 있으면서 원어민처럼 영어를 하겠다는 헛된 목표만 잡아 놓고 허송세월만 하는 게 많은 사람들의 잘못된 영어 공부법이다. 영어 실력을 쑥쑥 높이려면, 가장 빈번하게 사용되는 기본적인 단어와 문장들을 통해서 영어의 감을 익히는 게 가장 중요하

다. 그것만 알면 다른 지식들은 덧붙이고 응용하는 과정에서 저절로 붙어 나
간다.

우리에게 필요한 영어 실력이란 기본적인 영어 감각을 키우는 것이다.
따라서 지금 우리에게는 많은 단어들을 무작정 암기하는 공부가 아니라
1,000~2,000개 정도 되는 기본 어휘들의 숨은 1퍼센트 활용 능력을 키우는
공부가 필요하다.

왜 기본 어휘들의 1% 차이가 중요한가?

우리가 한국말을 잘하듯 영어권 국가의 원어민들은 영어를 잘한다. 그들에
게 영어는 지식이나 학문이 아니라 언어라는 생존 수단일 뿐이다. 빈부나 학
력 수준에 관계없이 자기 나라 말을 할 수 있듯이 영어권 국가에 사는 사람
들은 누구나 기본적인 영어는 다 자유롭고 유창하게 할 수 있다. 하지만 우리
나라 사람들은 영어 공부를 많이 했다고 해도 기본적인 회화 문장조차 튀어
나오지 않아 당황하고 주눅 들곤 한다. 십 수 년씩 영어를 공부하고도 말이
안 나오는 건 왜일까? 평소에 회화를 하지 못해서? 많이 듣지 않아서? 이렇게
물어보자. 토익에서 나오는 문장 중 처음 보는 낯선 단어가 몇 개나 되는지.
얼마 되지 않을 것이다. 그렇다면, 왜 그 문장이 이해가 가지 않을까? 왜 그런

쉬운 문장들을 스스로 만들어 구사하지 못할까?

영어에 대한 자신감이 부족해지는 이유는, 쉬운 단어들을 사용할 수 있을 만큼 제대로 알고 있지 못하기 때문이다. 같은 뜻의 단어는 여러 개 알고 있는데도 이 상황에서는 어떤 단어를 골라 써야 하는지 자신이 없는 것이다. 혹은 그 단어의 여러 뜻을 아는데, 이 상황에서는 어떤 뜻인지 자신이 없어진다. 잘 쓰지 않는 단어들은 뜻이 고정된 단어들이어서 오히려 쉽게 느껴지지만, 자주 쓰는 '쉬운' 단어들은 그 1퍼센트의 뉘앙스를 몰라서 더 어렵게 느껴진다. 예를 들어 보자. "What's your nationality?"라는 문장에서 nationality(국적)란 단어는 영어 회화에서 잘 쓰이지 않지만 우리는 그 단어가 쉽다고 생각한다. 한편 "This is my place."에서 place는 훨씬 더 자주 쓰는 단어인데도 불구하고 자신 있게 my place를 '내 방' 혹은 '내 집'이라는 뜻으로 해석하지 못해 어려운 문장이라고 생각한다.

영어를 잘하기 위한 답은 간단하다. 처음부터 기본 어휘들을 철저하게 제대로 습득하면 된다. 몇 가지 용례나 그런 뜻을 갖게 된 원리만 알면 그 뒤로는 거칠 것이 없다. 스피킹과 라이팅의 기본이 열리기 때문이다.

영화에서 동양인들은 종종 헛소리를 잘하는 바보 혹은 과묵하지만 비열한 사람으로 그려진다. 과묵한 배신자가 되는 이유는 이렇다. 한국에서는 달변가이던 사람이 미국에만 가면 말문이 막혀 조용한 사람이 되기 때문이다. 그러면서도 성적이나 성과는 제대로 내기 때문에 '평소엔 조용하면서 뒤에서 혼자 일을 하는 사람'의 이미지로 굳어지기 쉽다는 것이다.

이와 반대로 실수를 잘하는 바보가 되는 건 일상적인 어휘를 잘못 고르는 일이 빈번하기 때문이다. 단순하게 뜻만 1 대 1 대응으로 외우며 어휘 수만 늘리는 학습 방법은 '영어 바보'로 만든다. 예를 들어 우리는 '종료하다'라는 뜻을 가진 단어는 expire, terminate 등이 있다고 알고 있다. 그런데 어느 날 거래처에서 계약서상 내용을 지키지 않아 "계약을 철회하겠다."는 통보를 해야 하는 상황이 되었다고 가정해 보자. 이때 내가 그 자리에서 상대에게 계약을 expire하겠다고 말하면 코미디가 된다. expire는 '계약기간이 만료되어 소멸된다'는 뜻이기 때문이다. "너 계약을 안 지켰으니 만기될 때까지 유지하겠어!"라는 말을 하는 것과 같다. expire와 terminate의 뜻을 물어봤을 때 단순히 '종료하다'라고 대답하는 사람들은 이 단어들을 알고 있다고 할 수 있을까? 아니다. 모르는 거다. 왜? 제대로 써먹질 못할 테니까.

이 책에서는 영어 바보가 되지 말자는 뜻에서 가장 중요한 단어들을 골라 실었다. 여기에 나온 단어들을 이 책이 알려 주는 방식대로 공부하면 비로소 그 단어들을 '제대로 아는' 실력을 갖추게 될 것이다. 이렇게 1,000단어만 '알면' 영어를 커뮤니케이션 수단으로써 자신있게 사용할 수 있게 될 것이다.

토익 점수를 비약적으로 올리는 비법

매번 강조하는 말이지만, 지금까지 잘못된 공부법으로 공부했기 때문에 영어가 어려웠던 것뿐이다. 이 책에서 말하는 공부 방식은 제대로, 그리고 쉽게 영어를 배울 수 있는 방법이다. 이미 알고 있는 기본 어휘들에서 부족한 1퍼센트의 지식만 채워서 정리하면 되기 때문이다. 이 책에는 여러분이 모르는 '낯선' 단어는 하나도 없다. 하지만 단언하건대 제대로 아는 단어가 많지 않을 것이다. 쓸 줄 모르면 아는 게 아니니까.

부디 이 책에서 영어 실력을 완전하게 다져 줄 '숨은 1퍼센트'를 모두 채우시길 바란다. 다만 대단한 각오로 달려들기보다는 자연스럽게 죽죽 읽어 나가는 게 좋다. 가볍게 반복해서 읽다 보면 어느새 자연스럽게 영어의 감이 잡히고 회화도 술술 풀어내는 자신을 발견하게 될 것이다. 즐공!

CONTENTS

제3장 동사(II)편

제4장 형용사·부사편

제5장 기타 품사편

제1장
명사 편

영어의 발상과 감을 익혀라

이른바 '콩글리시' 혹은 broken English가 가장 잘 드러나는 부분이 바로 '명사'다. 단수·복수의 구별이 없는 우리말과는 달리 영어에서는 셀 수 있는 명사(가산명사)와 셀 수 없는 명사(불가산명사)를 구별한다. 품사라는 발상 자체가 다르다는 뜻이다. 이 발상과 감(感)을 모르고 우리말로 생각해서 영어 단어를 골라 말하면 소통이 되지 못하고 졸지에 바보가 되어 버리는 일이 발생한다.

영어식 사고, 즉 영어의 발상만 이해하고 있으면 단어를 고르는 일은 의외로 쉽다. 오히려 콩글리시가 어렵다. 유학 시절에 책상 위에 쓸 조명기구를 사려고 가게에 갔을 때의 일이다. 책상에서 쓰는 조명기구를 우리는 '스탠드'라고 한다. 난 의심 없이 점원에게 스탠드를 달라고 했고 당연히 그는 내 말을 알아듣지 못했다. 한참 장황하게 설명하다가 직접 물건을 가리키니 점원은 그제야 "Study light?" 하며 고개를 끄덕였다. 영어에서는 빛이 나오는 건 'light' 혹은 'lamp'라고 한다. 길에 있는 빛은 street light고 책상 위에 있는 빛은 desk light다. 서재용 빛이라는 뜻에서 study light라고도 한다.

원어민들이 감각적으로 쓰는 단어들을 완벽 이해하라

우리말로 단어의 뜻을 단순암기하면 이런 발상법을 이해하지 못한다. 우리말대로 발상해서 영어에 존재하지 않는 말을 만들어 내면 그게 바로 콩글리시다. 한국에 오래 거주한 영어 원어민 강사들은 회화 수업을 하다 보면 콩글리시에 익숙해져서 학생들이 틀린 영어를 쓰는데도 잘 알아듣는다. 그들이 한국에서 '책상에서 쓰는 조명기구'를 사려면 '스탠드'를 달라고 해야 하기 때문이다. 그러다 보니 영어 회화 표현 오류를 그냥 넘어가는 일이 생기기도 한다.

최근에는 영국이나 미국 외의 나라에서 워낙 틀린 영어를 많이 쓰다 보니 잘못된 영단어가 다시 영미권으로 흘러들어가는 일이 생기기도 한다. 원래 hand-phone은 잘못된 말이고 mobile phone이나 cell(ular) phone이 옳은 단어인데, 이제는 영미권에서도 hand-phone이란 단어를 쓰는 경우가 있다고 한다. 하지만 이런 경우는 매우 드물다. 원어민들이 감각적으로 쓰는 기본적인 단어를 완벽하게 아는 것은 정확한 의사소통을 위해 가장 기본적으로 해야 할 일이다.

명사의 뜻과 용법을 공부할 때 뜻을 암기하지 말고 그 발상의 뿌리를 생각하려는 습관이 몸에 배게 해야 한다. 예를 들어 주소에서 drive가 사용되었다면 그것은 '번지'라는 뜻으로 쓰인 것이다. 차를 몰고 다니는 사람들이 자연스럽게 drive를 '길'이나 '거리'의 뜻으로 사용했겠구나 하고 이해하면 그리 어렵지도 않다. 'drive = 운전하다'라고 죽어라고 외우고 있으면 말을 못 알아듣는다.

이렇게 발상의 뿌리를 찾는 식으로 공부하면 1 대 1 대응의 암기습관은 자연스럽게 버리게 된다. appointment, engagement, promise의 뜻을 모두 '약속'이라고 무식하게 암기하는 것이 아니라 '전문가와의 상담 약속은 appointment', '내가 뭐 뭐 해 줄게'라는 약속은 promise', '함께 구속하는 약속은 engagement', 이런 식으로 단어를 떠올리게 된다는 뜻이다. 자신이 알고 있는 유의어나 동의어들을 이런 식으로 떠올리는 연습을 평소에 습관화하자. 얼마 지나지 않아 놀랄 만큼 '진짜' 어휘력이 늘어 있는 자신을 발견하게 될 것이다.

쫑~

1 STREET vs. ROAD

찾길 위에 사람이 누워 있어.
There is a man lying on the <u>street / road</u>.

'길'과 관련된 대표적인 두 단어는 street와 road다. 두 단어 모두 광범위하게 사용되며 바꿔서 사용해도 상관없다.

먼저 사전적인 의미를 보면, road는 더 넓은 범위의 모든 길을 뜻하고 street는 '포장된 길'이란 뜻으로 조금 더 구체적이라고 할 수 있다. 하지만 지금은 웬만한 길은 다 포장이 잘 되어 있기 때문에 '포장된 길'이 별로 큰 의미는 없다. road가 일반적인 표현이고 street가 조금 더 구체적인 표현이라는 의미에서 보면 road 안에 street가 포함되어 있다고 볼 수 있다.

이 두 단어의 차이는 '관용어'로 풀어 나가는 것이 빠르다. 앞으로 나오는 관용어들의 차이점을 보면 road는 상대적으로 먼 곳, street는 상대적으로 가까운 곳이라는 것을 알 수 있다.

가수가 이 도시 저 도시로 콘서트 투어(concert tour)를 다니거나 스포츠 팀이 다른 도시로 원정 경기를 갈 때, 또는 출장을 많이 다니는 직업을 가진 사람이 출장을 다닐 때는 on the road라는 표현을 쓴다.

예 ▶ I'm on the road this week.
　　나 이번 주 출장이야.

〈인천 공항〉

유명한 팝가수 머라이어 캐리(Mariah Carey)가 부른 'Hero'라는 곡을 보면 'it's a long road.'라는 가사가 나오는데 이는 어렵고 힘든 상황에서 '갈 길이 멀다'고 말할 때 쓰는 표현이다.

학교에서 책으로 배운 지식이 아니라 '거리에서' 체험으로 배우는 것을 learn on the street라고 한다. 건물 안에 있는 매장이 아니라 길거리에서 장사하는 사람은 street vendor라고 하고 길거리에서 몸을 파는 매춘부를 street girl이라고 한다

street와 road 둘 다 상황에 따라서 찻길이 될 수 있지만 일반적으로 사람이 on the street에 있다고 하면 '길에 있다'는 것이고 on the road에 있다고 하면 '찻길에 있다'는 뜻이다. 그래서 정답은 road다.

"The road to success is always under construction."
성공으로 가는 길은 항상 공사 중이다.

2 OPTION vs. CHOICE

그건 너의 선택이야!
It's your <u>option / choice</u>!

option이나 choice는 익숙한 단어들이다. 주식을 하는 사람들은 '옵션거래'가 생각날 것이고 방을 구하러 다녀 본 사람들은 '풀 옵션'이란 말도 떠오를 것이다. 물론 '풀 옵션'은 콩글리시다. choice 하면 커피 브랜드가 가장 먼저 떠오를 것 같다. 어쨌든 두 단어는 모두 '선택'이라는 뜻이다. 물론 같은 의미는 아니다. 이 두 단어를 가장 쉽게 구분하는 방법은 사지선다형 문제를 생각하는 것이다.

예 ▶ There are four options and my choice is C.
4개의 보기가 있고 나의 선택은 C이다.

주어지는 선택의 범위가 option(내가 고를 수 있는 것들)이고 그것들 중에 선택한 것(내가 고른 것)이 choice다. option은 (취사)선택권, 선택의 자유를 말한다. 또한 자동차나 컴퓨터 같은 제품을 살 때 기본 사양 외에 추가로 선택할 수 있는 것들을 말한다. 따라서 선택할 수도 있고 안 할 수도 있다.

예 ▶ You have the option to take it or leave it.
갖든지 말든지 그건 네 마음대로야.

choice는 '선택하기, 선정'의 의미가 있다. 많이 쓰는 관용어구로 make a choice(선택하다)가 있다.

예 ▶ What is your choice?
어떤 것이 당신의 선택입니까?
→ 이것은 직역. "어느 것으로 (선택)하시겠습니까?"라는 뜻이다.

패밀리 레스토랑에 가면 이런 말을 들을 수 있다. "We will serve you your choice of rice or bread." 이때 나에게는 두 가지의 option이 있다. 밥과 빵. 그중에 선택할 권리를 제공해 준다는 의미다.

Answer

그건 너의 선택이야!
It's your <u>choice</u>!

어떤 의사결정을 해야 하는 경우 "그건 너의 선택이야." 하고 말할 때에는 "It's your choice."가 맞는 표현이다.

"To live or die, il's you're choice."
죽느냐 사느냐는 너의 선택에 달려 있어.

_영화 〈쏘우〉에 나오는 대사

3 PASSWORD vs. PIN NUMBER

Question

비밀번호가 생각이 안 나서 돈을 못 찾아.
I can't withdraw money because I can't remember
the <u>password / PIN number</u>.

요즘은 개인정보 보호에 대한 개념이 강해져서 비밀번호를 사용하는 경우가 많다. 개인컴퓨터나 휴대전화에도 비밀번호를 걸어 놓고 웹사이트마다 다른 비밀번호 설정한다. 영어에는 이 '비밀번호'를 뜻하는 말이 여러 개 있는데 그중 대표적인 것이 password와 PIN number다.

password는 직역으로 풀면 '통과단어'다. 특정 단어가 있어야 통과를 할 수 있다는 뜻이다. 그러니까 우리가 일반적으로 사용하는 비밀번호를 말할 때 password를 쓴다.

PIN number에 PIN은 Personal Identification Number의 약자다. 직역하면 '개인 비밀번호'라는 뜻이다. 그래서 사실 비밀번호의 직역은 PIN number가 더 맞다. 하지만 PIN number는 말 그대로 '숫자로 된 번호'만 가능하다.

password와 PIN number를 구별하는 가장 큰 이유는 자판의 차이다. 컴퓨터 자판인 키보드(keyboard)에는 단어, 숫자 모두 사용할 수 있지만 키패드(keypad)는 숫자밖에 없다. 현금인출기나 디지털 도어락에는 키패드만 있기 때문에 이런 식으로 키패드에서만 사용되는 비밀번호는 PIN number라고 부른다.

secret code란 말도 있다. 이는 암호를 뜻한다. 예를 들어 둘 사이에만 정해 놓은 암호 등을 의미할 때 사용한다.

비밀번호가 생각이 안 나서 돈을 못 찾아.
I can't withdraw money because I can't remember PIN number.

은행에서 돈을 찾는 경우 필요한 것은 개인의 신원을 확인하는 숫자로 된 번호이기 때문에 password보다는 PIN number가 더 적합하다.

"Treat your password like your toothbrush. Don't let anybody else use it, and get a new one every six months."

비밀번호를 칫솔같이 사용해라. 다른 사람이 사용하지 못하게 하고 6개월에 한 번씩 바꿔라.

4 PROMISE vs. APPOINTMENT

Question

나 오늘 저녁 7시에 약속 있어.
I have a promise / an appointment at 7 tonight.

promise는 '약속'이라는 뜻을 가진 영어 단어 중 가장 많이 알고 사용하는 단어다. 하지만 promise 외에 swear, appointment, engagement 등도 '약속'의 뜻을 가진다.

promise는 앞으로의 일을 미리 정하는 것이다. 그리고 그렇게 하는 것이다.

예 ▸ I made a promise to my mom that I would go.
나는 엄마에게 가겠다고 약속했다.

예 ▸ Promise me that you will not leave me.
나를 떠나지 않겠다고 약속해.

swear는 '맹세하다'라는 뜻으로 약속보다 강한 의지가 담겨 있다.

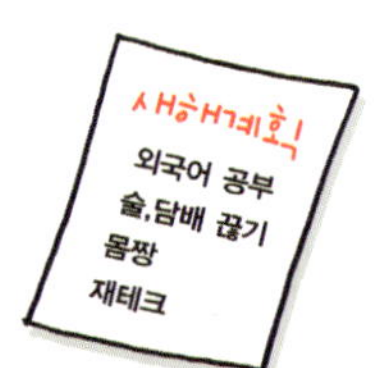

예 ▸ I didn't do it! I swear!
제가 안 그랬어요! 맹세해요!

예 ▸ Can you swear it on the Bible?
성경에 손을 얹고 맹세할 수 있어요?

그런데 한국에서 가장 많이 하는 실수 중 하나가 promise를 쓸 때 발생한다. "나 오늘 약속 있어."를 그대로 영어로 번역해 "I have a promise today."

라고 말하는 경우가 많다. 하지만 영어에는 이런 표현은 없다.

'약속이 있다'를 표현하려면 어떤 약속을 했는지 설명을 해야 한다. 친구와 만나는 자리면 그냥 **"I'm meeting a friend tonight."**이라고 하면 된다. 구체적인 설명을 하고 싶지 않은 경우 appointment와 engagement를 사용하면 된다. 두 단어 모두 시간과 장소를 정해 놓고 만나는 것을 의미하는데 appointment는 공식적인 자리를 말한다.

예 ▶ I have a doctor's appointment at 2.
2시에 병원 예약이 있다.

예 ▶ I have an appointment with my client right now.
나 지금 손님과 약속이 있어.

engagement는 일반적인 '만남'에도 쓰지만 약간 형식적인 표현이다.

예 ▶ I have a dinner engagement with my friends.
친구들과 저녁식사 약속이 있다.

Answer

나 오늘 저녁 7시에 약속 있어.
I have an appointment at 7 tonight.

미래에 대한 약속이 아니라 단순히 만나는 시간을 정한 것이기 때문에 promise가 답이 될 수 없다.

"A promise made is a debt unpaid."
약속은 갚지 않은 빚과 같다.

---

5 HOME vs. HOUSE

home과 house 모두 '집'으로 번역된다. 그래서 혼용해서 사용하는 경우가 있지만 분명한 차이가 있다.

우선 house는 사람이 살고 있는 '건물' 개념이다. 벽이 있고 지붕이 있고 현관문이 있고 창문이 있는 물리적인 개념의 집을 말하는 것이다.

예 ▶ **They live in a big house.**
그들은 큰 집에서 산다.

특히 house는 일반적으로 '단독주택'을 말한다. 우리나라와 달리, 외국은 아파트보다는 단독주택에 사는 것이 보편적이다. house와 관련된 표현을 한번 보자. 이사를 하면 새 집에서 집들이를 하는데 이는 영어로 housewarming party라고 한다. 새로 이사해서 썰렁한 집을 '따뜻하게' 해준다는 의미다. 집뿐만 아니라 회사건물을 말할 때도 house가 쓰인다. 일례로 '아웃백' 같은 스테이크 레스토랑을 steakhouse라고 하고 출판사는 publishing house라고 한다. 가정부는 housekeeper다.

home은 물리적인 건물이 아니라 '살고 있는 거주공간' 이상의 의미를 가진다. home의 개념을 가장 잘 설명한 예문을 보자.

예 ▶ **Home is where your heart is.**
나의 마음이 있는 곳이 곧 집이다.

hometown이란 단어를 보자. '고향'이라는 뜻이다. 고향은 단순히 내가 태어나고 자란 동네를 말하는 것이 아니라 나의 감정이 묻어 있는 곳이다. 스포츠만 봐도 그렇다. 대구 출신이 '삼성 라이온즈'를 응원하고, 부산 출신이 '롯데 자이언츠'를 응원하는 이유는 home 그리고 hometown에 대한 애정이 있기 때문이다. 그 지역 출신 팀도 home team이라고 한다. "This is my second house."라고 하면 내 두 번째 집이란 뜻이지만, "Korea is my second home."이라고 하면 한국은 나에게 제2의 고향이라는 뜻이 된다.

> **A n s w e r**
>
> (멀리 여행을 다녀온 후) 뭐니 뭐니 해도 집이 최고야!
> My <u>home</u> is the best!

'집이 최고'라는 말은 '집만큼 마음이 편한 곳이 없다'는 뜻이기 때문에 답은 home이 된다.

"We've just moved into our new house a week ago, so it doesn't feel like home yet."
새 집에 이사 온 지 일주일밖에 안 돼서 아직 집 같지 않아.

---

6 MISTAKE vs. FAULT

Q u e s t i o n

우리가 늦은 건 내 잘못이야.
It's my <u>mistake / fault</u> that we were late.

mistake는 실수로 잘못한 것을 말한다. 고의가 아니라 잘못된 판단으로 일이 내가 원하지 않은 방향으로 흘러갔을 때 쓴다. 이해·판단·의견 따위의 잘못, 실수를 말한다.

예 ▶ **Learn from your mistakes.**
너의 실수를 통해 배워라.

예 ▶ **Don't make any silly mistakes, ok?**
바보 같은 실수하지 마. 알았어?

예 ▶ **Everyone makes mistakes.**
누구나 실수를 한다.

fault는 책임을 져야 하는 잘못을 말한다.

예 ▶ **It's my fault.**
내 잘못이야. → 내가 잘못했기 때문에 내가 책임을 져야 한다는 뜻.

예 ▶ **It's not my fault that you are stupid.**
네가 바보인 건 내 잘못이 아니야.

실수라는 뜻의 단어에는 error도 있다. error의 사전적 해석은 기준에서 벗어난 오류를 가리킨다. mistake와 fault보다 형식적인 단어고 보통 컴퓨터나 기계가 오류일 때 error라는 단어를 자주 사용하듯이 기술적인 문맥에서 주로 사용한다.

A n s w e r

우리가 늦은 건 내 잘못이야.
It's my <u>fault</u> that we were late.

여기서 말하는 '잘못'은 실수라기보다는 내가 져야 할 책임 혹은 내 탓이라는 뜻이므로 답은 fault다.

"Never interrupt your enemy when he is making a mistake."
적이 실수를 범할 때는 절대 방해하지 마라.

_나폴레옹 1세(Napoléon Bonaparte)

7 STONE vs. ROCK

이 산은 돌로 만들어졌다.
This mountain is made of <u>stones / rocks</u>.

잘 알듯이 stone과 rock은 '돌'이란 뜻이다. 그러면 stone과 rock은 어떻게 다를까? 우선 두 단어는 겹치는 부분이 있다. 예를 들면 아이들이 장난으로 돌을 던지는 경우 'throw a rock'이나 'throw a stone'도 가능하다. 이렇게 '돌멩이'를 말할 때는 두 단어 모두 사용한다.

예 ▶ Don't throw a rock if you live in a glass house.
유리로 만든 집에 산다면 돌을 던지지 말라.

예 ▶ Don't throw a stone into a well from which you have drunk.
물을 마신 우물에 돌을 던져 넣지 말라.

둘 다 유명한 속담인데 여기서 rock이나 stone이나 별 다른 차이가 없다. 그래서 두 단어를 바꿔 사용하기도 한다. 하지만 바꿔 사용할 수 없는 경우도 많이 있다. 일단 사전적인 차이를 보면 크기로 비교했을 때 rock이 stone보다 더 크다. 그리고 건축 자재로 사용되는 가공된 돌을 말할 때는 항상 stone이라고 말한다. 예를 들면 '돌담길'에서 돌담은 돌로 만든 벽이라는 뜻인데 영어로는 stone wall이라고 불러야 한다. 돌계단은 stone steps가 된다. 비석은 tombstone, 초석은 cornerstone, 디딤돌은 stepping stone이다. 일단 '석

조'는 전부 stone이라고 보면 된다. 반면 가공하지 않은 암석, 암반, 암벽 등은 rock이라고 한다. 그래서 암벽 타기를 rock climbing이라고 한다.

그 외에도 stone과 rock에 관련된 여러 가지 표현이 있다. 아직까지도 중동 지역에서는 큰 죄를 진 사람을 돌로 쳐 죽이는 투석형이 있는데 이것을 stoning이라고 한다.

예 ▶ She was stoned to death.
그녀는 돌에 맞아 죽었다.

rock은 '든든한'이란 뜻으로 사용되기도 한다. 바위처럼 든든하다는 얘기다. 그래서 "He is my rock."이라고 하면 "그 사람은 내가 믿고 의지할 수 있는 든든한 사람이야."라는 뜻이 된다.

Answer
이 산은 돌로 만들어졌다.
This mountain is made of rocks.

산은 가공된 돌로 만들어진 것이 아니기 때문에 답은 rocks다.

"In matters of style, swim with the current ; in matters of principle, stand like a rock."
스타일은 흐름을 따라가고 원칙은 돌같이 우뚝 세워라.

_토머스 제퍼슨(Thomas Jefferson)

8 BREAK vs. REST

break 하면 가장 먼저 '깨뜨리다'라는 뜻을 떠올릴 것이다. 유명한 미드 〈프리즌 브레이크(Prison Break)〉를 연상하는 사람도 있을 것이고, 좀 더 공부한 사람은 '휴식', '쉬다'라는 뜻도 생각해 낼 것이다. 그런데 '휴식'이라고 했을 때 우리가 가장 먼저 떠올리는 영단어는 rest가 아닐까? 물론 rest는 그 뜻만 있는 것은 아니고 '나머지'라는 뜻도 가지고 있다.

여기서는 break와 rest의 '쉬다'라는 의미가 어떻게 다른지 보자.

'break time'이란 말을 자주 들어 봤을 것이다. '휴식시간' 또는 '쉬는 시간'이라는 뜻이다. 즉 break는 뭔가를 하다가 중간에 잠깐 쉬는 개념이다.

예 ▶ We are going to take 5-minute break.
5분 동안 쉬겠습니다.

예 ▶ Take a break for five minutes!
5분간 휴식!

coffee break, lunch break, tea break 등에서는 짧은 휴식이라는 의미로 쓰인다. 연극이나 음악공연 중간에 쉬는 시간은 intermission이라고 한다.

rest는 상대적으로 좀 더 오랫동안 푹 쉬는 것을 말한다. 안정을 취하고 피로를 푸는 개념이다.

예 ▶ Go home and get some rest.
집에 가서 좀 쉬어.

이외에 유사한 뜻을 가진 'relax'는 긴장을 풀고 마음을 편하게 갖는 것을 말한다.

A n s w e r

너 피곤해 보인다. 잠깐 쉬는 게 어때?
You look tired. Why don't you take a break?

여기서는 '잠깐'이란 말이 나왔기 때문에 break가 맞다. 만약 "피곤해 보인다. 집에 가서 쉬어."라고 했다면 rest를 써야 한다. 덧붙여 'take a rest'가 틀린 표현은 아니지만 회화에서는 'get some rest'를 더 많이 사용한다.

"Success and rest don't sleep together."
성공과 휴식은 같이 안 잔다(쉴 거 다 쉬어 가면서는 성공할 수 없다는 뜻).

_러시아 속담

9 CHANCE vs. OPPORTUNITY

다시 한 번만 기회를 줘!
Give me one more <u>chance / opportunity</u>!

chance나 opportunity, 두 단어 모두 사전상으로는 '기회'라고 해석되지만 같은 상황에서 쓸 수 있는 말은 아니다.

opportunity는 이미 계획한 것이나 진행되고 있는 것에 의해 순차적으로 발생하는 기회에 사용한다. 예를 들면 고등학생 때 열심히 공부해서 좋은 성적을 내면 좋은 대학에 들어갈 '기회(opportunity)'를 갖게 되는 것이다. 그래서 주로 자격, 권리, 계획 등을 가진 상황에서 얻는 기회일 때 많이 쓰인다.

예 ▶ If you study hard now, you will have many opportunities in the future.
지금 열심히 공부하면 나중에 많은 기회가 주어질 것이다.

chance는 계획하지 않은 상황에서 우연히 발생하는 기회인 경우 사용한다.

예 ▶ When I went to Tokyo, I had a chance to visit the museum.
내가 동경에 갔을 때 박물관에 갈 기회가 생겼다.

동경에 가도 박물관에 갈 계획은 없었는데 우연히 갔다는 의미다. chance

는 '우연'의 뜻이 강하며 숙어로도 쓰인다.

> **예 ▶** I met her by chance on a plane.
> 나는 비행기에서 우연히 그녀를 만났다.

그 외에 chance는 확률적인 가능성을 나타내는 possibility와 동의어로도
쓰인다.

> **예 ▶** There is a good chance of rain this afternoon.
> 오늘 오후에 비가 올 확률이 높아.

A n s w e r

다시 한 번만 기회를 줘!
Give me one more <u>chance</u>!

여자 친구 몰래 딴짓을 하다가 걸려 이별 통보를 받은 경우라면 chance를
써야 한다. 계획된 일이 아니기 때문에 opportunity와는 전혀 상관이 없다.

"An opportunity is often a good chance, but not all chances are
good opportunities."

계획된 기회는 좋은 찬스일 때가 많지만, 모든 찬스가 다 좋은 상황의 (예정된) 기회가
되는 것은 아니다.

10 TOUR vs. TRAVEL

10시부터 박물관 관광을 시작합니다.
The museum <u>tour</u> / travel starts at 10 o'clock.

불과 30년 전만 해도 외국여행은 특별한 사람들의 사치 같은 것으로 여겨졌다. 외국은커녕 공항에도 못 가 본 사람들이 많았다. 그때에 비하면 지금은 외국여행을 가는 것이 훨씬 쉬워졌다. 경제적으로 나아진 것도 그렇고 절차도 간단해졌기 때문이다. 사전에서 '여행'을 찾아보면 tour, travel, trip 등의 단어들이 나오지만 각자 의미가 다르다.

tour는 즐거움이나 재미 또는 관심사를 위해 특정한 나라나 지역의 여러 곳을 방문하는 것을 말한다. 여행지들을 한 바퀴 돌고 원래 위치로 돌아오는 것이다. 그래서 여행사에서 파는 단체 관광상품은 '패키지 투어(package tour)'라고 하고 자전거 여행은 '바이시클 투어'라고 한다. 또한 tour는 계획된 일정이 있는 여행을 의미해서 연예인, 스포츠 팀, 정치인 등이 직업상 공연, 원정 경기, 지역연설을 위해 이곳저곳 다니는 것을 말할 때도 쓴다.

예 ▶ a three-week tour of South America
남미 3주 여행

예 ▶ concert tour
콘서트 투어

tour는 도시, 공장, 박물관, 회사 등 짧은 견학이나 관람에도 사용한다. guided tour는 관광 가이드가 있는 관광 여행, a tour of the factory는 공장 견학, a city tour는 도시 관광, a package tour는 단체 여행이다.

travel은 여행을 칭하는 가장 일반적인 표현으로 한 지역에서 다른 지역으로 이동하거나 움직이는 것을 의미한다. 장기출장 등 특히 멀리 가는 여행은 travel을 사용한다.

예 ▶ He is traveling in Africa.
그는 아프리카를 여행 중이다.

여행 책은 tour book이 아니라 travel book이며 여행사는 travel agency, 여행경비는 travel expense라고 한다.

trip은 잠시 다녀오는 짧은 여행이다.

예 ▶ I'll be going on a business trip next week.
다음 주에 출장을 갈 예정이다.

Answer

10시부터 박물관 관광을 시작합니다.
The museum <u>tour</u> starts at 10 o'clock.

"The World is a book, and those who do not travel read only a page."

세상은 한 권의 책이다. 여행을 안 하는 사람은 한 페이지밖에 못 읽는다.

11 CUSTOMER vs. CLIENT

지금 식당에 손님이 25명 있다.
There are 25 <u>customers / clients</u> in the restaurant right now.

미국 작가 중 초판본만 200만 부 이상 팔린 작가가 두 명이 있는데 그중 한 명이 존 그리샴(John Grisham)이다. 존 그리샴은 수십 권의 베스트셀러를 냈고 지금까지도 왕성하게 창작활동을 하고 있다. 그의 베스트셀러 중 『The Client』는 영화로도 제작되었고 우리나라에는 『의뢰인』으로 번역되어 소개되었다. 책의 내용상 그렇게 번역이 된 것이지만 client의 일반적인 의미는 '고객'이다. 그렇다면 우리가 '고객'이란 뜻으로 더 친근하게 알고 있는 customer와는 어떤 차이가 있을까?

customer는 일반적으로 돈을 지불하고 물건이나 서비스를 사는 사람을 뜻한다. 그래서 식당이나 가게 등에서 음식을 사 먹거나 물건을 사는 사람을 customer라고 부른다. client는 물건이 아니라 서비스를 제공받는 사람을 뜻한다. 서비스 중에서도 특히 전문적인 자문을 받는 사람을 말한다. 책으로 『The Client』를 읽었거나 영화로 본 사람들은 알겠지만 그 내용은 한 변호사와 그 변호사에게 도움을 의뢰한 소년에 대한 이야기다. client는 business에서도 자주 사용하는 단어다. business는 단순히 물건을 사고파는 것이 아니다. 예를 들면 한 업체가 광고회사에 광고를 맡길 때 그 업체는 광고회사의 client가 된다. customer는 일반적인 표현이고 client는 조금 더 전문적인 표현이라고 할 수 있다. 다르게 말하면 customer는 파는 사람과는 관계가 없이 그냥 물건을 사는 사람이고 client는 서비스를 제공하는 사람과 relationship 이 형성된 사람이라고 할 수 있다. 그래서 진정한 salesperson은 고객을 customer로 생각하지 않고 client로 대우한다는 말이 있다.

예 ▸ Our shop usually gets about 100 customers a day.
우리 가게는 보통 하루에 100명 정도의 손님을 받는다.

예 ▸ I have a meeting with a client at 3 o'clock.
나 3시에 고객하고 미팅이 있어.

지금 식당에 손님이 25명 있다.
There are 25 <u>customers</u> in the restaurant right now.

보통 식당을 찾는 사람들은 customer라고 부른다.

"Bargain…… anything a customer thinks a store is losing money on."
흥정이란 그 어떤 것이든 손님이 생각하기에 가게가 손해를 보는 것이다.

_킨 허버드(Kin Hubbard, 만화가)

12 DRUG vs. MEDICINE

drug와 medicine은 둘 다 한국말로 '약'이라고 번역할 수 있지만 의미상으로는 조금 다르다. 바꿔서 사용하면 오해가 발생할 수 있기 때문에 정확히 어떤 뜻인지를 알고 그 뜻에 맞는 상황에서 사용을 해야 한다.

drug는 몸속에 들어갔을 때 몸 상태에 변화를 주는 특정 약물을 말한다. 사실 한국말에는 정확하게 대체할 단어가 없는 것 같다. '약'이라고 번역해서 쓰는 게 틀린 말은 아니지만 의학적인 의미에서만 그렇게 부르는 것이기 때문에 부분적으로만 맞다고 할 수 있다. 그래서 헤로인이나 코카인 등 우리가 흔히 마약이라고 부르는 것들도 전부 drug에 속한다.

medicine은 병을 고치기 위한 '의약품'이란 뜻이다. '의학'이라는 뜻도 있지만 지금 여기서는 약이라는 의미만 살펴보자.

그러니까 drug는 medicine보다 훨씬 더 광범위하게 쓰이는 단어다. 그렇기 때문에 의약품을 얘기할 때는 drug라고 하지 않고 medicine이라고 하는 것이다. 잘못 쓸 경우 다음과 같은 오해의 소지가 있을 수 있다.

예 ▶ I am taking this medicine for my cold.
　　나는 감기 때문에 이 약을 먹고 있어.

"

예 ▶ **I am taking drugs.** → medicine 대신 drug를 사용할 경우.
나 마약해.

운동선수들은 올림픽이나 아시안게임 등 대규모 경기에 참가하기 전에 drug test를 수시로 한다. medicine test가 아니다. 그래서 식약청은 The Food and Drug Administration이라고 한다. medicine뿐만 아니라 모든 drug까지 다루기 때문이다.

A n s w e r

너 약 먹고 있어(약 먹고 정신이 어떻게 된 거야)?
Are you on <u>drugs</u>?

drug를 쓰든 medicine을 쓰든 직역하면 둘 다 "약을 복용하고 있니?"가 되지만 의미는 전혀 다르다. medicine을 쓸 경우에는 감기 등의 치료를 위한 약을 복용하고 있냐고 묻는 것이고 drug는 "너 머리에 총 맞았냐?", "너 지금 제정신이야?"라는 뜻으로 "너 마약하냐?"라고 묻는 것이 된다. 마약 때문에 제정신이냐고 묻는 경우이기 때문에 답은 drugs가 된다.

"Winners Don't Use Drugs."

승자는 마약을 하지 않는다.

_1990년대 미국의 공익광고 문구(이 광고에 유명 운동선수들이 등장했다.)

---

13 FLOOR vs. STORY

네가 좋아하는 얘가 5층집에 산다고?
The girl you like lives in a <u>fifth floor / five-story</u> house?

건물의 층을 말할 때는 주로 story와 floor라는 단어를 사용한다. 참고로 story는 미국식 스펠링이고 storey는 영국식 스펠링이다. 사실 story와 floor 는 사전적으로는 동일어다. 그러니까 100퍼센트 바꿔서 사용해도 무관하다. 그런데 사람들은 이 두 단어를 조금 다르게 사용하기도 한다. story는 이야기 라는 뜻도 있기 때문에 혼돈을 줄이기 위해서 그럴 수도 있다는 생각이 든다. 하여튼 많은 사람들이 건물의 층을 말할 때 story보다는 floor를 더 많이 사용한다.

한편 건물의 '총 층수'를 말할 때는 story를 사용하고 구체적인 특정 층을 말할 때는 floor를 써서 구분한다. 그런데 층을 설명할 때 꼭 기억해야 할 중요한 사실이 있다. 전체 층을 말할 때는 항상 기수(cardinal number), 즉 one, two, three, four와 같이 써야 한다는 것이다. 하지만 특정 층을 말할 때는 항상 서수(ordinal number), 즉 first, second, third, fourth와 같이 써야 한다.

예 ▶ This is a ten-story(ten-floor) building.
이것은 10층짜리 건물이다.

예 ▶ I work on the 5th floor(5th story).
나는 5층에서 일을 합니다.

또 재밌는 사실은 1층을 칭하는 말이 나라마다 다르다는 것이다. 1층은 first floor라고도 하고 ground floor라고도 한다. 우리나라, 미국, 캐나다 등에서는 1층을 '1층'이라고 부르지만, 영국이나 호주, 그 외에 유럽 여러 나라들과 남미에서는 1층을 '0층'이라고 본다. 그래서 우리가 생각하는 2층은 1층 (first floor), 1층은 0층으로 생각해서 lobby 혹은 ground floor라고 말한다.

정리하면, 건물의 층에 대해 얘기할 때 story나 floor 둘 다 100퍼센트 바꿔서 사용해도 상관없다. 단지 floor는 건물 내부의 구체적인 층을 설명할 때, story는 외부에서 전체 층을 묘사할 때 쓴다고 기억해 두면 된다.

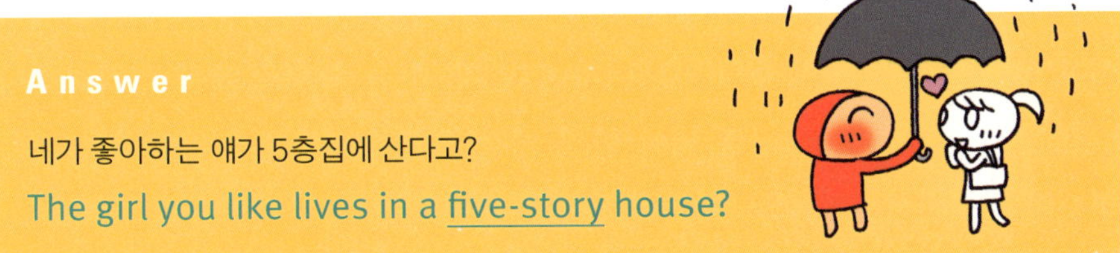

A n s w e r

네가 좋아하는 얘가 5층집에 산다고?
The girl you like lives in a <u>five-story</u> house?

5층은 fifth floor 또는 five story이지만 5층집은 a five-story house 또는 a five-floor house다. '5층에 산다'고 할 때는 전치사 in이 아니라 on을 써서 'live on a fifth floor'라고 해야 한다.

"A fall from the third floor hurts as much as a fall form the hundredth. If I have to fall, may it be from a high place."

3층에서 떨어지나 100층에서 떨어지나 아픈 것은 똑같다. 만일 내가 떨어져야 한다면 높은 곳에서 떨어지리라.

14 HEART vs. MIND

Question

그는 중국으로 가려고 했는데 마음을 바꿔서 일본으로 갔다.
He was going to go to China, but he had a change of heart / mind,
and he went to Japan.

영어에는 heart나 mind와 관련된 표현이 많다. 보통 heart는 '마음'의 개념
이고 mind는 '정신, 생각'의 개념이다. 그런데 '마음을 바꾸다'를 영작하자니
heart를 써야 할지 mind를 써야 할지 헷갈린다. 우리말에서 마음과 생각은
비슷한 개념이어서 바꿔 써도 무방하기 때문이다.

예 ▶ He has a very warm heart.
　　　그는 마음의 참 따뜻하다.

warm heart에서 볼 수 있듯이 heart는 감정과 관련되어 있다.

예 ▶ He has a very creative mind.
　　　그는 창의력이 뛰어나다.

creative mind에서 볼 수 있듯이 mind는 이성, 지성과 관련되어 있다.

누군가의 마음이 바뀌었을 경우 마음이 '어떻게' 바뀐 것인지에 따라서
heart가 바뀐 것일 수도 있고 mind가 바뀐 것일 수도 있는 것이다. 예를 들
어 여자가 변심을 해서 사귀던 남자와 헤어지는 경우는 heart가 바뀐 걸까

mind가 바뀐 걸까? 이때는 애정이 식었다는 의미이기 때문에 heart가 바뀐 것이다.

예 ▸ She had a change of heart, and she broke up with him.
그녀는 마음이 바뀌어서 그 남자와 헤어졌다.

'상대방의 마음을 읽다'는 말은 그 사람의 생각을 읽는 것이다. 그래서 영어로는 read one's mind라고 한다. '정신이 나가다'라는 말은 주로 비정상적인 생각을 할 때 쓴다. 그래서 그때는 out of one's mind라고 한다.

A n s w e r

그는 중국으로 가려고 했는데 마음을 바꿔서 일본으로 갔다.
He was going to go to China, but he had a change of <u>mind</u>, and he went to Japan.

자신의 감정이 바뀌는 것은 change of heart이고 생각이나 의사, 결정 등을 바꾸는 것은 change of mind다. 중국으로 가려다가 일본으로 갔다는 말은 감정이 바뀐 것이 아니라 생각이 바뀐 것이다. 그래서 답은 mind다.

"You are always free to change your mind and choose a different future."
사람은 언제든지 마음을 바꿔서 다른 미래를 선택할 수 있다.

15 BONUS vs. INCENTIVE

올해는 성과급이 없다.
There is no <u>bonus / incentive</u> this year.

"모든 'incentive'는 '성과급'이지만 모든 '성과급'이 'incentive'는 아니다."

이게 도대체 무슨 소린가?

'보너스'는 아주 익숙한 외래어다. '인센티브'도 이제는 아주 낯선 단어는 아니다. 보너스와 인센티브, 두 단어 모두 돈과 관련이 있고, 비슷한 면이 있어서 헷갈리는 경우가 많다.

bonus는 원래 정해진 것 외에 무엇인가를 추가로 얻는 것을 말한다. 예를 들면 '추석 보너스'같이 회사에서 월급 외에 추가로 돈을 주는 것이 보너스다. 아니면 연말에 회사가 돈을 많이 벌어서 직원들에게 일 열심히 했다고 상여금으로 주는 것이 보너스다.

꼭 돈이 아닐 수도 있다. 예를 들면 사과 10개를 샀는데 공짜로 1개를 더 얻었다면 그 사과 하나는 보너스다. 그러니까 보너스는 주는 사람 입장에서 볼 때 줘도 되고 안 줘도 된다.

이번에는 incentive를 살펴보자. incentive는 bonus와 개념이 다르다. incentive는 장려금이란 의미로, 보통 회사에서 직원들이 더 열심히 일하도록 동기 부여를 하기 위해 만들어진 제도다. 예를 들면 하루에 1,000박스 정

도의 과자를 만드는 과자공장에서 1,000박스 외에 추가로 제작한 만큼 박스
당 얼마씩 직원들에게 성과급을 지급한다면 그것이 incentive이다. 그런 식
으로 직원들이 더 신 나게 일할 수 있도록 만드는 것이다. bonus는 주는 사
람 마음이지만 incentive는 계약서에 의해 정하는 경우가 많기 때문에 의무
적으로 지급해야 한다.

올해는 성과급이 없다.
There is no <u>bonus</u> this year.

앞의 문제의 답은 bonus다. 회사원들이 보통 연말에 받는 것은 incentive
가 아니라 bonus다. 하지만 회사 재정 사정을 떠나서 incentive의 조건을 채
웠다면 회사는 incentive를 지급해야 한다. "모든 incentive는 '성과급'이지만
모든 '성과급'이 incentive는 아니다."라는 말은 incentive 제도가 없는 회사
가 성과급을 지급할 경우 사실 그건 bonus로 봐야 한다는 뜻이다.

"Success is the most important to many, to me it's just a
bonus."
성공은 많은 사람들에게 매우 중요한 것이지만 나한테는 그저 보너스일 뿐이다.

_루카스 그래빌(Lucas Grabeel, 영화배우)

16 COMEDIAN vs. GAGMAN

제일 좋아하는 개그맨이 누구야?
Who is your favorite comedian / gagman?

우리가 사용하는 외래어 중에는 택시, 버스, 아이스크림같이 제대로 사용하는 단어들도 많이 있지만 잘못 사용하고 있는 말도 종종 있다. 그중 하나가 개그맨이다. 대중을 즐겁게 하는 것을 직업으로 갖고 있는 사람들을 개그맨 혹은 코미디언이라고 하는데 그 두 단어의 차이를 아는 사람은 별로 없다.

comedian은 농담과 익살스러운 몸짓으로 사람들을 웃긴다. 우리가 잘 알고 있는 유재석, 박명수 같은 사람들은 모두 코미디언이다.

gagman은 gag를 사용해서 웃기는 comedian이다. gag란 말로만 웃기는 것을 말한다. 그러니까 개그맨은 'stand-up comedy', 일종의 토크쇼를 하는 코미디언이다. 극장식 무대에서 마이크 하나 세워 놓고 만담으로 좌중을 폭소하게 만들었던 사람들을 가리킨다. 영어에서 gagman은 요즘엔 거의 사용하지 않는 오래된 단어다. '개그를 하는 코미디언'은 stand-up comedian으로 부른다.

정리하자면 comedian은 광범위하게 사용하는 단어고 gagman은 코미디언의 하위 범주에 있는 단어다. 외국에는 stand-up comedy를 전문으로 하는 코미디언이 많지만 우리나라에는 진정한 의미의 gagman은 없는 것 같다. 물론 문화적인 차이가 있기 때문에 그렇다.

간혹 말로 웃기는 사람은 코미디언이고 몸개그 등으로 웃기는 사람은 개그맨이라고 착각하는 경우도 있는데 이번 기회에 제대로 이해하길 바란다. 참고로 몸개그는 slapstick comedy라고 하는데 찰리 채플린이 대표적 인물이다.

조금 다른 내용이지만 요즘 영어는 단어 뒤에 '-man'이라는 명사를 잘 붙이지 않는다. 성차별이 우려되기 때문이다. 따라서 businessman은 business person, policeman은 police officer, mailman은 mail carrier, waiter나 waitress는 server로 바뀌는 추세다. 물론 아직 바뀌지 않은 단어들도 있다. 아직도 남자배우는 actor, 여자배우는 actress로 부른다.

"All I need to make a comedy is a park, a policeman and a pretty girl."

나는 코미디를 만드는 데 공원, 경찰, 그리고 예쁜 여자만 있으면 된다.

_찰리 채플린(Charlie Chaplin)

제2장
동사(Ⅰ) 편

이미 알고 있는 영어, 어떻게 써먹을까

모든 언어에서 가장 중요한 건 동사라고 한다. 영어에서는 특히 더 그런 것 같다. 많은 품사들이 다 중요하지만 문장의 기본적인 형태를 결정하는 것은 동사이며, 쉬운 동사를 가지고 전치사나 명사, 부사를 사용해 동사구를 만드는 일도 많아 동사를 공부하기 시작하면 끝이 없다. 하지만 어렵다고 지레 포기하지 말고 기본적인 원리를 이해하고 써먹을 궁리를 하는 게 더 현명한 일이다. 다행히도 영어에서 주의해야 할 동사의 기본 원리는 우리가 이미 다 알고 있는 것이다. 몇 가지만 언급해 보자.

무엇보다 자동사·타동사 구별에서 생겨나는 수동식 표현에 주의해야 한다. 파티가 지루할 때 누가 지금 기분이 어떠냐고 물어보았다면 "I'm bored." 라는 말을 써서 자기 기분을 표현해야 한다. 부끄러운 고백이지만 영어를 잘하지 못하던 시절에 나는 여기서 실수를 했다. "I'm boring."이라는 능동 표현을 써 버린 것이다. 졸지에 파티를 지루하게 만드는 사람이 되어 버렸다. 게다가 자신감이 없다 보니 r과 l을 정확하게 구분해 발음하지 못해서 "I'm boiling."으로 들렸나 보다. 지루하다는 이야기를 하려고 했는데 갑자기 팔팔 끓고 있는 여자가 되어 버렸다. 당시엔 엄청나게 창피했는데 지금 생각하면 누구나 한 번쯤 하는 실수인 것 같다. 실수를 하지 않는 게 좋지만, 어쨌든 실수를 하고 나면 배운다. 그 뒤로는 능동과 수동 표현을 틀린 적이 없다. 중요한 건 자신감을 갖고 계속 말을 하는 것인데 여러분도 그렇게 할 수 있다.

"Will you go to the party?"와
"Will you come to the party?"의 차이는?

능동·수동 표현이야 문법적인 것이라고 하지만 대부분 동사를 선택할 때 쉽게 틀리는 것은 발상, 뉘앙스, 감이라고 하는 부분이다. 한 단어로 된 어려운 단어를 써야 할지(오히려 한국인에게는 이게 더 쉽다), 아니면 쉬운 단어로 된 동사구를 써야 할지(이게 한국인에겐 더 어렵다) 하는 문제는 더 고급 수준이니 천천히 배워 나가면 된다. 그러나 기본적인 발상 자체가 틀리면 말을 못 알아들을 뿐만 아니라 졸지에 웃기는 사람이 되어 버린다.

그런 대표적인 원리 중 하나가 '말하거나 듣는 사람의 위치'에 따라 다른 단어를 골라 쓴다는 것이다. go나 come을 선택하는 경우가 바로 그렇다. 두 사람과 무관한 장소나 방향이면 go를 쓰고, 어느 한쪽으로 이동하는 경우라면 come을 쓴다. 그래서 "Will you go to the party?"는 말하는 사람이 "(나는 거기 안 가지만) 너 파티에 갈 거니?"라는 뜻으로 쓰는 말이고, "Will you come to the party?"는 "(나는 거기 갈 건데) 너 파티에 갈 거니?"라는 뜻으로 묻는 말이다. 내가 거기에 있을 거니까 'come'이 되는 것이다. 이걸 모르면 'go는 가다, come은 오다'로 외어 봤자 백날 백번 틀릴 수밖에 없다.

뉘앙스 공부는 영영사전으로

덧붙이자면 능력이 되는 한 영한·한영사전 대신 영영사전을 보며 이런 발상과 뉘앙스의 차이를 자꾸 익히려고 노력하는 게 좋다. 영영사전 중 동의어만 늘어놓는 것이 아니라 단어의 뜻을 쉬운 말로 자세하게 풀어놓은 사전이 좋다. reply, respond, answer의 차이를 영한사전으로는 알기 어렵다. 셋다 비슷한 뜻을 갖고 있는 유의어다. 하지만 영영사전의 풀이는 미묘한 차이를 깨닫게 해 준다. reply는 'say or write', 즉 말과 글로 대답하는 걸 말한다. 따라서 답문 편지나 문자를 보내는 건 reply다. answer는 'reaction to a question or situation', 즉 질문이나 상황에 대답을 하거나 요청에 응하는 것이다. 따라서 박지성 선수가 국가 대표의 부름에 응답하는 건 answer다. respond는 'to do something as a reaction', 즉 반응하는 것이다. 사람을 불렀을 때 누군가에게서 어떤 반응이 왔다고 한다면 respond다. 자, 용기를 내어 영영사전을 펴 보자!

1 GO vs. COME

go와 come은 영어를 배우기 시작하면서 가장 먼저 배우는 단어들 중 하나다. 알고 있는 대로 go는 '가다', come은 '오다'라는 뜻이다. 너무 쉬운 표현이라 굳이 예문이 필요 없을 것이다. 하지만 이것이 전부가 아니다. 이 두 단어는 무조건 '가다', '오다' 직역으로 번역을 할 수 없다. 왜냐하면 영어에서는 말하는 사람이 자신의 입장이 아니라 상대방의 입장에서 말하는 경우도 있기 때문이다. 그런 경우 go가 come으로 바뀌게 된다.

예 ▶ Would you like to come to my house tonight?
오늘 저녁에 우리 집에 올래?

이 문장은 어렵지 않다. 그런데 친구에게 할 말이 있는데 전화 통화보다 직접 만나서 얘기를 하고 싶은 경우 친구에게 "지금 너희 집으로 가도 돼?"라고 말을 한다면 "Can I come to your house right now?"라고 말을 한다. 직역하면 "나 지금 너희 집으로 와도 돼?"가 되기 때문에 말이 안 된다. 그런데 영어에서는 가능하다. 말하는 사람이 상대방의 입장에서 이야기하고 있기 때문이다. 사실 "Can I go to your house?"라고 해도 틀리지는 않다. 하지만 일반적으로 내가 가는 곳에 상대방이 있는 경우 상대방 입장에서 말을 한다. 그래서

come은 '오다'라는 뜻이지만 상황에 따라서는 정반대인 '가다'라는 뜻도 된다. 그렇기 때문에 뜻도 중요하지만 상황이 더 중요한 것이다.

다음 두 상황을 비교해 보자. "Are you coming to Kevin's birthday party?"라고 할 때 "너 케빈 생일파티에 올 거니?"라는 말은 질문을 하고 있는 사람은 파티에 간다는 뜻이 포함되어 있다. 반면 "Are you going to Kevin's birthday party?"라고 할 때는 "너 케빈 생일파티 가니?"라는 뜻으로, 질문을 하고 있는 사람은 파티에 가는지 안 가는지의 의도를 담지 않고 그냥 묻는 경우가 된다.

Answer

A : 전화 받아! B : 가고 있어!
A : Take the phone! B : I'm coming!

전화가 와서 A가 받았는데 B를 찾는 전화다. 그래서 A가 방에 있는 B한테 전화받으라고 했는데 방에서 안 나온다. 더 큰 소리로 불렀더니 가고 있다고 할 때 A가 있는 쪽으로 가고 있는 것이기 때문에 coming이라고 해야 한다.

"When you have no one to walk beside you, I will come to you."
당신 옆에 같이 걸어 줄 사람이 없을 때 내가 당신에게 갈게요.

_'I Will Come To You' 가사 중

2 HAPPEN vs. OCCUR

happen과 occur는 '일어나다, 발생하다'라는 뜻이다. happen은 일반 대화에 주로 사용하는 단어다. 우연성이나 의외성을 중시하여 사고(accident)나 something, thing, what, this 등의 막연한 단어 뒤에 쓸 때가 많다.

예를 들면 길에 사람들이 많이 모여서 무엇을 보고 있는 경우 무슨 일인지 알아보려고 "What's happening?"이라고 할 때, 또는 앞으로 무슨 일이 일어날지 모를 때 등 일반적인 표현으로 happen을 사용한다.

occur는 같은 뜻이지만 happen보다 훨씬 형식적인 단어다. 그래서 조금 딱딱한 느낌이 있다. 그래서 신문 기사 등에서 문어체로 쓰이는 것을 많이 볼 수 있다. 그리고 위 예문처럼 어떤 일이 벌어졌을 때 일반적으로 사용하지 않고 주로 어떤 특정한 일이 일어났을 때 사용한다. 또 확실한 의미를 가진 말 (예를 들면 자연 현상이나 과학적 현상 등) 뒤에 쓰이는 경향이 있다.

예 ▶ The explosion occurred just after midnight.
그 폭발은 자정을 막 지났을 때 일어났다.

take place도 '일어나다'라는 뜻인데 예정·계획되어 있던 사건 행사 등이 발생하는 경우에 사용한다. break out은 화재, 전쟁, 폭동 등 바람직하지 않은 일이 갑자기 일어나는 경우에 쓰는 것이 보통이다.

예 ▶ War broke out in September of 1938.
전쟁은 1938년 9월에 발발했다.

물론 예외도 있다. 어떤 생각이 갑자기 떠올랐을 때 occur to + someone
을 사용하는데 happen으로 바꿔 사용할 수 없다. 관용어로 봐야 한다.

예 ▶ A thought just occur to me.
갑자기 생각이 떠올랐다.

A n s w e r

밖에 무슨 일이야? 왜 다들 뛰어가지?
What's <u>happening</u> outside? Why are they all running?

어떤 불특정한 일이 일어났을 경우 일반적으로 대화에서 사용하는 단어는
happen이다.

"The only reason for time is so that everything doesn't happen at once."

시간이 존재하는 유일한 이유는 모든 것이 한 번에 일어나지 않게 하기 위해서다.

_알베르트 아인슈타인(Albert Einstein)

---

3 HAVE vs. POSSESS

'가지고 있다' 하면 가장 먼저 떠오르는 단어는 have일 것이다. have는 '가지고 있다'라는 뜻을 가진 단어 중 가장 일반적인 표현이다. 그래서 제일 많이 사용한다.

예 ▸ **Do you have some money?**
돈 좀 (갖고) 있니?

예 ▸ **Cindy has a great idea.**
신디에게 좋은 생각이 있어.

possess 역시 '가지다'라는 뜻을 갖고 있는데 '소유하다'의 개념이다. 물건이 될 수도 있고 어떤 능력, 그 외에도 어떤 특정 감정이나 생각 등을 가지고 있을 때에도 사용을 한다. have와 같은 의미로 사용할 수 있는 경우가 많이 있지만 조금 형식적인 표현이다.

예 ▸ **He has three cars.**
그는 자동차를 3대 가지고 있다.

예 ▸ **He possesses three cars.**
그는 자동차를 3대 소유하고 있다.

하지만 다른 의미들도 있다. 그런 경우에는 possess와 have를 바꿔서 사용할 수 없다. 가끔 공포영화에 귀신 들린 사람들이 나오는데 '귀신 들리다'라고 표현할 때 possess를 쓴다. 어떤 강한 힘에 빠져 정신을 못 차리고 조종을 당한다는 의미다.

예 ▶ He is possessed by a devil.
그는 귀신 들렸다.

질투처럼 감정에 '사로잡힌' 경우에도 possess를 쓴다.

예 ▶ She is possessed by jealousy.
그녀는 질투에 사로잡혔다.

A n s w e r

그 사람들은 뭐에 홀려서 그런 행동을 한 거야?
What <u>possessed</u> them to act like that?

무엇인가에 홀렸다는 말은 무엇인가에 빠져서 정신을 못 차린다는 뜻이다. 그래서 딥은 possess다.

"Whatever you cannot understand, you cannot possess."
어떤 것이든 이해하지 못하는 것은 소유할 수도 없다.

---

4 HAVE TO vs. MUST

have to와 must는 둘 다 '해야 한다'는 뜻이다. 의미상 같기 때문에 바꿔서 사용해도 상관없다. 하지만 문법상 바꿔서 사용하지 못하는 경우가 있다. 그래서 그런 경우들을 잘 알고 있어야 한다. 뜻은 같더라도 have to는 억양이 더 부드럽다. 그래서 일반적으로 have to를 더 많이 사용한다. must는 조금 형식적인 표현이어서 문어체로 주로 사용한다.

have to와 must의 차이는 시제다. must는 시제를 보여 줄 수 없다. 그래서 과거에 일어난 일, 그러니까 '해야만 했다'라는 말을 하려면 had to라고 써야 한다.

예 ▶ I had to work until 11 pm.
나는 11시까지 일을 해야 했다.

또 하나의 차이는 '해야 한다'의 반대말이다. '해야 한다'의 반대말은 '하지 말아야 한다' 또는 '하면 안 된다'가 되는데 이 말은 have to로는 표현이 안 된다. 그래서 '하면 안 된다'는 must로만 표현이 가능하다.

예 ▶ You must not leave the room.
너는 이 방에서 나가면 안 돼(너는 이 방에서 나가지 말아야 해).

have to에 not을 넣으면 '하면 안 된다'가 아니라 '안 해도 된다'라는 뜻이
된다.

예 ▶ You don't have to leave the room.
  너는 방을 안 나가도 돼.

"You must not study hard."라고 하면 "열심히 공부하면 안 된다."는 뜻이
된다. 답은 don't have to다.

"We must use time as a tool, not as a couch."
우리는 시간을 소파가 아닌 **도구로** 사용해야 한다.

_존 에프 케네디(J. F. Kennedy)

5 HEAR vs. LISTEN

영어 공부를 하는 친구들끼리 서로 얘기를 하다가 이런 말을 하는 것을 들은 적이 있다. "나는 스피킹은 약한데 히어링은 좀 돼." 물론 무슨 말을 하려는 지는 충분히 이해한다. 많은 사람들이 듣기보다 말하기에 더 약한 것은 사실이다. 하지만 이 경우 히어링은 틀린 표현이다.

hearing과 listening은 많은 사람들이 자주 실수하는 단어다. 둘 다 '듣다'라는 뜻이지만 같은 의미가 아니다. 그래서 바꿔서 사용할 수 없다.

hear는 쉽게 말해서 노력을 안 해도 그냥 들리는 것을 뜻한다. 내가 들으려고 들은 것이 아니고 그냥 들려서 들은 거다. 다른 말로 하면 '들린다'라는 말이 될 수 있다. 소리가 들리는 개념, 즉 청각 개념이다. 그러니까 hearing이 안 된다고 말하는 것은 귀에 문제가 있다는 말과 같다.

예 ▶ Please speak up. I can't hear you.
크게 좀 말해. 안 들려.

listen은 주의를 집중하고 애를 쓰며 듣는 것이다. 곧 듣고 이해하는 것을 의미한다. 따라서 영어를 듣고도 이해가 잘 안 되는 것은 listening이 안 된다고 해야 한다.

예 ▶ This is important, so listen carefully.

이거 중요한 거니까 잘 들어.

"엄마 말 잘 들어야 착하지?" 여기서 듣는 것은 귀로 듣고 흘리는 것이 아니라 엄마가 하는 말을 신경 써서 잘 듣고 순종하라는 의미다. 영어에서도 그런 뜻으로 listen을 사용한다.

예 ▶ I will talk to Steve. He will listen to me.

내가 스티브한테 얘기할게. 걘 내 말 들을 거야.

Answer

너 내 말 듣고 있는 거야?
Are you listening to me?

지금 내가 하는 말이 들리는지 묻는 것이 아니라 경청하고 있냐고 묻는 말이기 때문에 listen이 맞다.

"The first duty of love is to listen."

사랑의 첫 번째 의무는 들어 주는 것이다.

6 FIND vs. SEARCH

네가 어디에 숨든 상관없어. 난 너를 찾아낼 거야.
It doesn't matter where you hide. I will <u>find / search</u> you.

'찾다'를 영어로 말해 보라고 하면 여러 단어들이 생각날 것이다. look for, search, find, seek 등. 그런데 우린 이 단어들의 정확한 의미를 알고 있을까?

search는 '수색하다, 검색하다, 탐색하다'라는 뜻으로 어떤 것을 자세히 찾아보는 것을 말한다. search for는 어떤 특정 대상물을 목적으로 찾는 것을 의미한다. 즉 search는 공간 등을 뒤지는 것이고 search for는 특정한 물건이나 대상을 찾아내는 것이다. 열쇠를 잃어버려서 방 안을 뒤지고 있는 상황이라면 'searching the room(방을 뒤지고 있는 중)' 혹은 'searching for the key(열쇠를 찾고 있는 중)'가 된다.

find는 '잃어버린 것을 우연히 발견하거나 찾아내다'라는 뜻이다.

예 ▶ I found this bag under the tree.
　　나무 아래에서 이 가방을 발견했습니다.

잃어버린 가방을 찾다가 발견한 것일 수도 있고 우연히 지나가다가 발견한 것일 수도 있다. find out은 조사를 해서 답을 '알아내다, 발견하다'라는 뜻이다.

예 ▶ I found out their secret code.
　　그들의 암호를 알아냈어.

look은 '보다'라는 뜻이다. 그런데 look 다음에 for를 더해서 look for라고 하면 '둘러보면서 찾다'라는 뜻이 된다.

예 ▶ A : Are you looking for something?
　　 찾으시는 거 있으세요?

　　 B : I'm looking for a MP3 player.
　　 MP3 플레이어를 찾고 있어요.

seek는 의미가 조금 광범위하다. 단순히 어떤 것을 찾는다는 의미를 넘어서 상황에 따라서 '추구하다, 구하다, 노력하다' 등의 뜻이 되기 때문이다.

예 ▶ Politicians always seek for more power.
　　 정치인들은 항상 더 많은 권력을 추구한다.

Answer

네가 어디에 숨든 상관없어. 난 너를 찾아낼 거야.
It doesn't matter where you hide. I will <u>find</u> you.

search를 쓰면 "널 뒤지겠다."는 뜻이 된다. 따라서 답은 find다.

"A man travels the world in search of what he needs and returns home to find it."

사람은 자신이 원하는 것을 얻기 위해 세상을 뒤지고 집에 돌아와서 그것을 발견한다.

_조지 무어(George Moore, 아일랜드 작가)

---

7 FINISH vs. END

숙제를 끝낼 때까지 밖에 못 나가.
You can't go out until you <u>finish / end</u> your homework.

finish와 end는 '끝나다'라는 뜻이다. 이 두 단어는 아주 비슷해서 바꿔서 사용하는 경우도 있지만 바꿔서 사용하면 안 되는 경우도 있다. 이렇게 비슷한 듯 다른 단어들이 우리를 참 헷갈리게 한다. 이 두 단어의 차이를 보자.

finish는 '완성한다'는 개념을 떠올려야 한다. 시작된 어떤 것을 마무리 지어서 '끝'을 내는 것에 초점이 맞춰져 있다.

예 ▶ I will finish the report by 4.
4시까지 리포트를 끝낼게. → 시작한 것을 완성하는 것이다.

예 ▶ We have finished the dinner.
우리는 저녁을 마쳤다. → 먹기 시작했으니까 끝을 내야 한다.

end는 완성을 시키는 의미의 '끝'이 아니라 '마지막이라는 결과'에 초점이 맞춰져 있다. 달의 끝 무렵, 즉 월말은 영어로는 end of the month라고 한다. 시작된 어떤 것이 완성되어 가는 과정이 아니라 종결 자체에 초점을 두어서 end를 쓰는 것이다. 좋은 예로 인간관계와 길을 들 수 있다.

예 ▶ My house is at the end of this road.
우리 집은 이 길 끝에 있어.

예 ▶ 20 years of their marriage ended in divorce.
그들의 20년 결혼생활이 이혼으로 끝났다.

하지만 finish와 end는 바꿔서 사용할 수 있는 경우도 많이 있다.

예 ▶ The movie finished at 9.
그 영화는 9시에 끝났다.

이 경우 'The movie ended at 9.' 이라고 해도 상관없다.

A n s w e r

숙제를 끝낼 때까지 밖에 못 나가.
You can't go out until you <u>finish</u> your homework.

숙제는 시작을 해서 완성을 하는 것이므로 finish를 써야 한다.

"Now this is not the end. It is not even the beginning of the end. But it is, perhaps, the end of the beginning."

이것은 끝이 아니다. 끝의 시작도 아니다. 어쩌면 시작의 끝일 것이다.

_윈스턴 처칠(Winston Churchill, 제2차세계대전 중이던 1942년 11월에 한 연설에서 남긴 유명한 말)

BELIEVE vs. TRUST

Question

손만 잡을게. 오빠 믿지?
I will just hold hands. You believe / trust me, right?

믿는다는 뜻의 영단어 believe와 trust를 잘 알고 있을 것이다. 이 단어 역시 뜻은 같지만 쓰이는 상황은 다르기 때문에 언제 어떻게 사용해야 하는지 살펴보자. 특히 believe 같은 경우 '믿다' 외에 때에 따라서 다른 의미로도 해석되기 때문에 상황을 잘 이해해야 한다.

그러면 believe와 trust의 가장 큰 차이를 보자.

우선 believe는 '사실'을 믿는다는 개념을 떠올려야 한다. 그러니까 어떤 말이나 행동이 진짜라고 믿을 때 사용하는 단어다. 예를 들면 친구가 어제 김태희, 장동건과 점심을 먹었다고 말을 했다고 치자. 만일 그 말을 믿을 수 없다면 "I don't believe you(네 말 안 믿어)."라고 해야 한다. 그랬더니 친구가 "너 나 안 믿어?"라고 말을 한다면 영어로는 "You don't believe me?"가 된다. 이런 식으로 말이나 어떤 사실을 믿거나 안 믿는다는 의미일 때는 believe만 사용해야 한다.

trust는 '신뢰' 개념이다. '저 사람은 믿음이 안 간다'고 할 때 '믿음'은 곧 '신뢰'다. 신뢰가 안 간다는 뜻이다. 이때는 trust를 써야 한다. 그러니까 "I don't believe him."이라고 말을 하면 "난 그 사람(말)을 믿을 수 없어."라는 뜻이고 "I don't trust him."이라고 하면 "난 그 사람을 믿을(신뢰할) 수 없어."라는 뜻이 된다.

'믿다' 외에 believe는 think(생각하다)라는 의미로도 사용된다.

예 ▶ I think Mr. Park is in the office.
= I believe Mr. Park is in the office.
Mr. Park은 사무실에 있을 거예요.

A n s w e r

손만 잡을게. 오빠 믿지?
I will just hold hands. You <u>trust</u> me, right?

여기서는 말을 믿는 것이 아니라 오빠(사람)를 믿는 것이다. 그래서 답은
trust다.

"Trust is like a vase. Once it's broken, though you can fix it the vase will never be same again."

믿음은 꽃병과 같다. 깨지면 다시 붙일 수는 있지만 절대 전과 같을 수는 없다.

9 ERASE vs. DELETE

그 남자에 대한 기억을 모두 지우고 싶어.
I want to <u>erase / delete</u> all my memories of him.

erase와 delete는 익숙한 단어다. 두 단어 모두 '지우다'라는 뜻이다. 하지만 의미상 조금 차이가 있다. erase는 '지우다'라는 뜻을 가진 가장 일반적인 단어다.

예 ▶ **Erase the board before I return.**
내가 돌아오기 전까지 칠판 지워.

지우개는 eraser라고 한다. erase는 칠판을 지우는 것같이 물리적으로 지울 수도 있지만 기억을 지우는 것같이 추상적인 의미로도 가능하다.

예 ▶ **I want to erase the past.**
나는 과거를 지우고 싶어.

기억을 지운다는 의미로는 forget을 가장 많이 사용한다. 말 그대로 '잊다'라는 뜻이다.

예 ▶ **Forget about what happened last night.**
어젯밤 일은 잊어.

delete는 '지우다'보다 '삭제하다'라고 해야 erase와의 차이점을 쉽게 볼 수 있다. 주로 컴퓨터 등 기록을 지울 때 사용하기 때문에 형식적이고 사무적인 단어다. erase처럼 추상적인 의미로는 사용할 수 없다.

remove라는 단어도 있다. 상황에 따라서 여러 의미로 사용할 수 있다. 단어 속에 move라는 단어가 들어 있듯이 무엇인가를 옮기는 경우 사용한다. 예를 들면 'remove your hat'은 모자를 벗으라는 말이 된다. 옷에 묻은 얼룩을 지워야 하는 경우는 erase가 아니라 remove라고 한다. 여기에서는 '제거하다'라는 의미로 사용된다.

예 ▶ I need to remove the ink stain on my shirt.
셔츠 잉크자국 지워야 돼.

A n s w e r

그 남자에 대한 기억을 모두 지우고 싶어.
I want to <u>erase</u> all my memories of him.

추상적인 것을 지울 때에는 erase를 사용한다.

"Today's opportunities erase yesterday's failures."
오늘의 기회는 어제의 실패를 지운다.

10 FALL vs. DROP

놀이동산에 가면 자이로드롭(Gyro Drop)이라는 놀이기구가 있다. 거의 100미터 높이에서 뚝 떨어지는 놀이기구인데 높은 곳에서 수직낙하할 때의 짜릿함은 느껴 본 사람만 알 것이다.

영어에는 '떨어지다'라는 표현으로 fall과 drop이란 단어를 사용한다. 그런데 이 두 단어는 바꿔서 사용해도 되는 경우가 있고 안 되는 경우도 있기 때문에 정확히 알아 둘 필요가 있다.

이 두 단어는 '떨어지다'라는 뜻이 있지만 상황에 따라 여러 가지 다른 의미로 사용될 수 있기 때문에 바꿔서 사용할 수 없는 것인데, 지금 여기서는 '떨어지다'라는 의미에 초점을 맞춰 보자.

높은 곳에 있던 것이 아래로 떨어지는 경우 자동사로 사용될 때 두 단어를 바꿔 사용해도 같은 뜻이 된다. 예를 들면 날씨가 갑자기 추워지면서 온도가 뚝 떨어지는 경우다.

"The temperature will fall by 10-15 degrees."
"The temperature will drop by 10-15 degrees."

두 문장 모두 "온도가 10도에서 15도 정도 떨어질 것이다."라는 뜻이다. 온도나 판매 실적과 같이 보통 수치가 떨어지는 경우 두 단어 중 아무 단어를 사용해도 괜찮다. 큰 차이는 '떨어뜨리다'에 있다. fall은 '떨어지다'라는 뜻은 있지만 '떨어뜨리다'라는 의미로는 사용할 수 없다. 그래서 '떨어뜨리다'라고 말을 하려면 drop을 써야 한다. 깨지기 쉬운 물건이 들어 있는 박스를 주면서 "Don't drop it."이라고 말을 하면 "떨어뜨리지 마."라는 뜻이 되는 것이다. 액션 영화를 보면 이런 대사가 참 많이 나온다.

"Drop your weapon!"

직역하면 "무기를 떨어뜨려!"가 되지만 조금 더 자연스럽게 번역하면 "무기를 버려!"가 된다.

A n s w e r

이 가방 여기에 놓을게.
I am going to <u>drop</u> this bag here.

---

fall은 '떨어지다, 넘어지다, 쓰러지다'라는 뜻이기 때문에 답이 될 수 없다.

"Cigarette sales would drop to zero overnight if the warning said 'CIGARETTES CONTAIN FAT'."

만약 담뱃갑에 '담배에는 지방이 들어 있습니다.'라는 경고문이 적혀 있다면 담배 매출은 하루아침에 0으로 떨어질 것이다.

_데이브 배리(Dave Barry, 칼럼니스트)

11 CHOOSE vs. SELECT vs. PICK

'고르다'라는 의미를 가진 영어 동사는 choose, select, pick 등이 있다. 각각 뉘앙스가 어떻게 다르고 어떤 상황에서 쓰는 것이 정확한 것인지 살펴보자.

choose는 '의지'로 선택하는 것에 포인트가 있다. 즉 내 판단이나 의지가 들어가는 것이다.

예 ▶ I had to stay home. I had no choice.
　　집에 있어야 했어. 선택의 여지가 없었어.

문제를 풀면서 답을 하나 선택할 때에도 내 판단과 의지로 결정해서 고르는 것이고 물건을 고를 때에도 마찬가지다. 그래서 '고르다'라는 뜻으로 가장 많이 사용되는 단어다. 그래서 choose를 decide와 같은 의미인 '결정하다'라는 뜻으로 사용하기도 하는데 이 경우는 다른 단어들과 바꿔 사용할 수 없다.

예 ▶ I chose not to go to work today.
　　오늘 일 안 가기로 (결정)했다.

select는 여러 가지(3개 이상)를 놓고 그중에서 고르는 것이 포인트다. 1개 이상 고르는 경우에도 select를 사용한다. choose보다 딱딱하고 사무적인 느낌이 강하다. 예를 들어 직원을 채용하는 것은 수많은 입사 지원자 중에서 적임자를 고르는 것이기 때문에 select candidate로 표현한다.

pick는 의지로 고르는 것도 아니고 여러 가지 중에서 취사선택하는 것도 아니다. 그냥 단순히 아무거나 골라잡는다는 의미다.

예 ▶ Pick a number between 1 and 10.
1에서 10까지 번호 (아무거나) 하나 골라.

pick에 '줍다'라는 뜻이 있다는 걸 생각해 보면 쉽게 이해가 될 것이다. 줍는다는 것은 널려 있는 것들을 집는다는 개념이니까.

시장에서 아저씨가 물건들을 진열할 때는 제일 좋은 물건들을 select한 것이고 손님들은 자신이 마음에 드는 물건으로 choose할 것이다. 모두 같은 물건들일 경우에는 아무거나 하나 pick 하면 된다.

"One should choose a wife with the ears, other than with the eyes."
와이프는 눈 대신 귀로 골라야 한다.

_프랑스 속담

12 SAY vs. TELL

Question

엘비스가 "나 오늘 집에 있고 싶어."라고 말했다.
Elvis <u>said / told</u>, "I want to stay home today."

힙합가수들은 종종 무대에서 노래를 부르다가 "세이 호! 오!" 하고 관객들을 향해 마이크를 돌린다. 그러면 관객들은 "호! 오!" 하고 따라 한다. 사진을 찍을 때 사진기사는 특히 어린아이들 사진을 찍을 때 "Say cheese!"라고 외친다.

say는 '말하다'라는 뜻이다. 같은 뜻으로 tell이라는 단어도 있다. 뜻은 같지만 이 두 단어는 바꿔 사용할 수 없다.

say와 tell은 말로 의사소통을 하는 것을 뜻하는데 사용하는 방법에서 차이가 있다. 사실 이 두 단어의 차이를 간단하게 설명하기가 쉽지 않지만 지루한 문법적인 설명을 최대한으로 줄이고 쉽게 설명하겠다.

이렇게 생각을 하면 간단하다.

say 는 '무엇'을 말하는 것이 핵심이고, tell은 '누구에게 무엇'을 말하는 것이 핵심이다.

예 ▶ Charlie said that he was sick.
찰리는 아프다고 말했어.

예 ▶ Charlie told me that he was sick.
찰리는 나한테 아프다고 말했어.

조금 더 설명을 하면 보통 tell 다음에는 personal object(사람 목적어)가 나온다. say를 사용하면서 듣는 사람이 누구인지를 말할 때는 to someone 이 나온다.

예 ▶ I will tell you later.
내가 이따 말해 줄게.

예 ▶ He told her the truth.
그는 그녀에게 진실을 말했다.

예 ▶ He said to Gary that he was sick.
그는 게리에게 아프다고 말했다.

보통 따옴표 안에 화자가 직접 말한 내용이 담길 때는 say를 사용한다.

"If you tell the truth, you don't have to remember anything."
진실을 말하면 아무것도 기억하지 않아도 된다.

_마크 트웨인(Mark Twain)

13 SEE vs. KNOW

A : 그녀가 오늘 늦을 거라고 전해 달래요.
B : 그렇군요.
A : She told me to tell you that she will be late.
B : I see / know.

see는 '보다'라는 뜻이고 know는 '알다'라는 뜻이다. 그런데 어떻게 이 두 단어가 헷갈릴 수 있을까? 앞에서 살펴보았듯이 어떤 상황에서 어떻게 사용되느냐에 따라 단어들의 의미가 달라지기 때문이다.

예 ▶ I know you don't have much time.
너 시간이 많이 없다는 거 알아.

예 ▶ I knew you were going to say that.
네가 그렇게 말할 줄 알았어.

"I see."는 어떤 몰랐던 사실을 알았을 때 "아, 그렇구나. 이제 나도 알겠다."라는 뜻이 된다. 이해했다는 말이다.

예 ▶ I see what you mean.
네 말이 무슨 뜻인지 알겠어.

정리를 하면 know는 이미 알고 있었던 것이고 see는 지금 알게 된 것이다.

예 ▶ She is the person I told you about.
내가 너한테 얘기했던 사람이 저 여자야.

따라서 "I know."라고 대답하면 "나도 알아."라는 말이고, "I see."라고 답하면 "그렇구나."가 된다.

Answer

A : 그녀가 오늘 늦을 거라고 전해 달래요.
B : 그렇군요.
A : She told me to tell you that she will be late.
B : I see.

이 상황에서 "I know."라고 말을 하면 "나도 알고 있다."라는 뜻이 된다. 모르고 있는 상황이었으니 "I see."라고 답을 해야 한다.

- -

"Woman is the only thing I am afraid of that I know will not hurt me."
나를 해하지 않을 것이라는 것을 아는 것들 중에 내가 유일하게 무서워하는 것은 여자다.

_에이브러햄 링컨(Abraham Lincoln)

- -

14 START vs. BEGIN

Q u e s t i o n

사랑을 시작하는 연인들을 위해.
For those who are <u>starting / beginning</u> to love.

start와 begin은 99퍼센트 같은 의미다. 그러니까 거의 모든 경우 두 단어를 바꿔 사용할 수 있다는 뜻이다. 하지만 100퍼센트 같은 단어는 아니다. 그래서 더 애매할 수 있지만 1퍼센트의 차이점만 확실히 알아 두면 된다. 그러면 언제 바꿔서 사용할 수 없는지 알아보자.

'시작'의 움직임이 빠른 경우에는 begin을 사용할 수 없고 start만 가능하다. 예를 들면 자동차 시동을 걸 때 start the car라고 하지 begin the car라고 하지 않는다. 왜냐하면 시동은 천천히 걸리는 것이 아니고 한번에 빠르게 걸리기 때문이다. 그래서 기계를 작동하는 경우는 start만 써야 한다. 또 다른 예로 달리기를 들 수 있다. 100미터 달리기를 할 때 출발신호가 울리면 천천히 뛰어나가는 것이 아니라 스프링 튕겨나가듯이 뛰어나간다. 그런 상황 역시 start만 가능하다.

예 ▶ **My car doesn't start on rainy days.**
내 차는 비 오는 날은 시동이 안 걸려.

또, start의 반대말은 finish고 begin의 반대말은 end다. 앞서 배웠던 finish와 end의 차이를 떠올려 보자.

"

이 경우 starting와 beginning, 둘 다 맞다!

"You don't have to be great to start, but you have to start to be great."

처음부터 위대할 필요는 없지만 위대해지려면 (어딘가에서부터) 시작을 해야 한다.

---

15 TEACH vs. SHOW

teach와 show는 많이 접하는 단어이기 때문에 어렵지는 않을 것이다. teach는 잘 알고 있듯이 '가르치다'라는 뜻이다. 많이 들어 본 중국 속담을 예로 들어 보자.

예 ▶ Give a man a fish and you feed him for a day. Teach a man to fish and you feed him for a lifetime.
물고기 한 마리를 주면 하루를 먹이지만 낚시를 가르치면 평생을 먹인다.

show는 '보여 주다'라는 뜻이다.

예 ▶ Show me your hands.
손 좀 보여 줘.

하지만 '알려 주다'라는 의미로 '가르쳐 주다'라는 말을 할 때는 teach가 아니라 show를 쓴다. 복잡한 방법을 알려 주는 경우는 teach도 가능하지만 간단한 정보를 알려 주는 개념의 '가르치다'는 show를 쓴다. show에는 '보여 주다, 알려 주다' 외에도 다른 여러 뜻이 있다.

예 ▶ Let me show you the door.
문까지 안내해 드리겠습니다. → "문을 보여 드리겠습니다."가 아니다.

예 ▶ My watch is showing two.
내 시계는 2시를 가리키고 있다.

또 teach와 같은 의미인 '가르치다'라는 뜻도 되는데 간단히 가르칠 수 있는 경우에 사용한다.

예 ▶ Jane showed me how to make a chocolate cake.
제인은 초콜릿 케이크 만드는 법을 가르쳐 줬다.

teach는 일반적으로 지식, 기술, 방법 등을 가르친다는 의미고, show는 직접 행동으로 보여 주면서 간단한 행동이나 동작으로 가르치는 것을 말한다.

Answer

길 좀 가르쳐 주실래요?
Can you <u>show</u> me the direction?

간단한 정보를 알려 주는 것이기 때문에 show라고 해야 한다.

"Don't tell me that you love me ; Show me that you do."
사랑한다고 말로 하지 말고 보여 줘.

_오마지 조시(Omage Jossy)

16 UPDATE vs. UPGRADE

update와 upgrade 같은 단어는 최근 들어서 아주 익숙한 외래어들이다. 특히 컴퓨터, 전자제품 등과 관련되어 많이 사용하기 때문이다. 비슷한 단어지만 같은 의미가 아니기 때문에 잘 구분해서 알아 둘 필요가 있다.

update는 '가장 최신의 정보'라는 뜻이다. 예를 들면 추석 때 교통방송에서 고속도로 상황이 어떤지 수시로 알려 주는데, 그렇게 최신 정보를 받는 것을 update받는다고 한다. 컴퓨터나 전자제품을 잘 아는 사람들은 update라는 단어가 참 친숙할 것이다. 이런 제품들은 프로그램을 update받아야 하는데 전문용어로는 software update라고 한다. 컴퓨터를 사용하는 사람들은 Windows update를 잘 알 것이다. 처음 제품이 나오고 난 후에 발견된 문제점 들을 보안하기 위해서 기존에 있는 프로그램에 기능을 추가하는 것인데 이는 software patch라고도 한다. 그러니까 교통방송에서 도로 상황을 update받듯이 그 프로그램의 최신 정보 등을 update받는다고 생각하면 된다.

upgrade는 조금 다르다. grade는 '학년'이라는 뜻도 있고 '성적', '등급'의 뜻도 있다. upgrade의 grade는 등급이라는 뜻이다. 그러니까 upgrade는 등급을 up시킨다는 뜻이 된다. 등급을 up시키면 어떻게 될까? 질이 좋아진다. upgrade는 제품의 품질을 한 단계 올리는 것을 말한다.

컴퓨터 프로그램으로 계속 예를 들어 보자. 컴퓨터에서 문서를 작성할 때 MS OFFICE나 한글 프로그램을 주로 쓴다. 각 회사에서 수시로 이 프로그램에 대한 update를 시켜 준다. 하지만 update만 시켜 주는 것이 아니라 몇 년마다 upgrade된 제품이 나온다. 제품이 나온 해를 기준으로 이름을 붙이기도 하는데 예를 들면 OFFICE 2003, OFFICE 2007, OFFICE 2010 이런 식이다.

예 ▶ I usually update my cell phone software once a year.
　　나는 보통 1년에 한 번 핸드폰 프로그램을 업데이트시켜.

예 ▶ My computer is too slow. It's time to upgrade it.
　　내 컴퓨터는 너무 느려. 업그레이드할 때가 됐어.

A n s w e r

이제 더 좋은 차로 바꿀 때가 됐어.
It's time to <u>upgrade</u> my car.

더 좋은 차로 바꾼다는 말은 upgrade시킨다는 말이다.

"I tried to draw people more realistically, but the figure I neglected to update was myself."

나는 사람들을 더 현실적으로 그리려고 노력했는데 내 자신의 모습을 업데이트시키는 것은 잊고 있었다.

_조 사코(Joe Sacco)

17 WISH vs. HOPE

크리스마스 시즌 때 자주 받는 질문이 있다. 왜 'We hope a merry Christmas.'는 안 되고 'We wish you a merry Christmas.'는 되냐는 것이다. wish 는 불가능한 것이나 가능성이 낮은 것을 바랄 때 사용한다고 배웠는데 그러 면 즐거운 크리스마스를 보내는 것이 그렇게 힘들다는 것인가?

wish와 hope는 둘 다 '바라다'라는 뜻이다. 하지만 어떻게 바라는 것인지 에 따라서 의미가 달라진다.

wish를 가장 많이 사용하는 경우는 'wish + 과거형'으로 거의 불가능한 것 을 바라는 것이다. 즉 불가능한 일인 줄 알면서 바라는 것이다.

예 ▶ I wish I were taller.
내 키가 더 컸으면 얼마나 좋을까. → 스무 살이 넘었다면 이제 키가 더 자라는 것은 거 의 불가능한 일이기 때문에 말 그대로 그냥 바람일 뿐이다.

예 ▶ I wish I had a dog.
강아지가 있었으면 얼마나 좋을까. → 지금은 강아지가 없다는 뜻이다.

예 ▶ I wish I knew.
나도 알았으면 좋겠다. → 모른다는 뜻이다.

또한 wish는 축복, 행복, 행운을 빌어 줄 때도 사용한다. 그래서 크리스마스 캐럴에 'We wish you a merry Christmas.'라는 가사가 나오는 것이다. 따라서 '얼마나 좋을까?' 하고 바라는 것이 아니라 '그러길 바라.' 하고 행복을 빌어 주는 의미다. 시험을 보기 전에 친구들에게 "Wish me luck."이라는 말도 자주 하는데 이는 "행운을 빌어 줘."라는 뜻이다.

반면 hope는 실현 가능성이 있는 바람, 희망사항을 의미한다.

예 ▶ There is no hope.
희망이 없다.

예 ▶ I hope so.
그러기를 바란다. → 결과를 모르는 상황에서

예 ▶ I hope not.
그러지 않기를 바란다. → 결과를 모르는 상황에서

Answer

지금 내가 하와이에 있으면 좋겠다!
I wish I were in Hawaii!

지금 당장 내가 하와이 해변으로 순간이동 하는 것은 현실적으로 불가능하다. 그래서 답은 wish다.

"He who does not hope to win has already lost."
자신의 승리를 바라지 않는 자는 이미 패배한 것이다.

제3장
동사(II) 편

백문이 불여일견? 백문이 불여일시?

앞 장에 이어 계속 동사에서 유의할 점을 살펴보자.

우리가 친숙한 한자어에서 여러 유의어를 구체적인 뜻 차이로 구별하듯이 영어도 마찬가지다. 예를 들어 '백문이 불여일견'이라고 할 때 '볼 견(見)'을 쓰지 '볼 시(視)'를 쓰지 않는다. 왜냐면 '견'은 보아서 알게 되는 것을 강조하는 추상적인 뜻이고, '시'는 직접 두 눈으로 보는 구체적인 뜻이기 때문이다. 견문과 시각이라는 단어를 대조해서 생각하면 훨씬 이해가 쉽다. 평소에 한자어를 쓸 때 이런 차이를 주의 깊게 알아차리는 사람이라면 영어도 마찬가지라고 생각하면 된다. 오히려 한자보다 더 쉽다. 한자하고는 비교도 되지 않을 정도로 알파벳이 적기 때문이다!

동사와 명사를 짝지어 맥락을 기억하라

사실 동사를 몰라도 말은 통할 수 있다. 배낭여행을 가 보면 외국어 사전 하나만 들고 용감하게 해외여행을 떠나는 사람들을 종종 만난다. 그 사람들의 의사소통 방식은 '주로 명사만으로 말하기'다. "Can I drink a cup of water?"라든가 "Give me water, please."도 아니고, 그냥 "Water. Please." 이런 식으로 말하는 거다. 하지만 이렇게 해서 생존에 필요한 말은 통할 수 있어도 동사를 모르면 '문장'을 만들 수가 없다. 그래서 동사가 중요한 것이다.

동사는 항상 짝이 되는 명사라는 '맥락'을 함께 기억하면 도움이 된다. 다시 내 유학 시절의 경험을 들면, 에세이를 쓸 때 항상 동사 때문에 곤란을 겪었다. 한번은 "일본이 한국을 지배했다."는 문장을 쓰면서 control이라는 단어를 썼더니 지도 교수가 이 문장에 수없이 물음표를 쳐서 다시 보내왔다. 무슨 뜻이냐는 것이다. 한참 말로 설명하고 대화를 한 뒤에 정치적인 지배를 말하려면 govern이나 rule을 써야 한다는 걸 알게 되었다. 소중한 배움이지만 이걸로만 그치면 한 가지만 배우게 된다. 다른 경우를 또 물어보면서 하나에서 둘, 셋을 배우는 게 현명한 거니까. 그래서 market을 지배하는 경우라면 dominate라는 단어를 쓴다는 걸 추가해 둔다. 이런 식으로 공부하면 동사력 (!)이 무진장 빨리 향상된다.

구체적인 상황을 상상하며 유의어의 차이를 익히자

또 한 가지는 방금 말한 명사 맥락과 유사한 것이지만, 동사의 유의어는 그 동사의 양태의 차이, 작동방식의 차이에 의해서 의미가 분화되는 경우가 많다는 것이다. 공부를 많이 했다고 하는 분들도 이런 차이를 몰라서 낭패 보는 경우가 많다. 예를 들어 '벨을 누르세요.'라는 안내 문구에는 "Push / Press the button."이라고 쓰인 경우가 많다. 그렇다면 비밀번호를 누르라고 할 때는 enter일까, press일까, push일까? 엘리베이터를 타고 가야 할 층의 번호를 누르는 것은? push나 press는 힘을 가하는 동작을 의미하고, enter는 정보를 기입하는 것을 의미한다. 엘리베이터에서라면 press를 쓰는 것이 자연스럽고 컴퓨터나 비밀번호의 입력은 enter다.

이런 식으로 공부를 하는 습관을 들이면 어휘가 확실히 빨리 는다. 한 번에 여러 단어를 꼬리에 꼬리를 물 듯 붙여 나가며 배울 수 있기 때문이다. presentation이라는 단어를 배우면 '보여 주며 설명할 때는 demonstration'이고 '말로 설명하면 explain'이라는 것을 함께 기억하면 된다. 이럴 때 시각적인 상상력을 동원해서 단어를 기억하자. 'arrange가 예약 등 공식적인 절차적 준비'이고 'prepare가 개인적인 준비'라는 걸 알면 저녁을 준비할 때 식당

예약을 arrange하기 위해 전화를 걸고 집에서 음식을 prepare하기 위해 조리를 하는 모습을 상상해 봄으로써 단어를 더 생생하게 기억할 수 있지 않을까?

1 LAY vs. LIE

"Lay down, Sally, and rest you in my arms."

이 가사는 'Lay Down, Sally'라는 곡에서 나오는 가사로 역대 최고의 기타 리스트 중 한 명으로 꼽히는 에릭 클랩튼(Eric Clapton)의 곡이다. 개인적으로 참 좋아하는 가수지만 'Lay down, Sally'는 문법적으로 잘못된 표현이다.

우선 쉬운 것부터 보자. lie는 '거짓말'이란 뜻인데 여기서 다루고자 하는 것은 거짓말이 아니라 '눕다, 누워 있다'라는 뜻이다. lay는 '내려놓다'라는 뜻이다. lie와 lay는 사람들이 무척 헷갈려한다. 사실 그럴 만한 이유가 충분히 있는데 그것은 조금 있다 설명하고 우선 어떻게 하면 안 헷갈리게 사용할 수 있는지 배워 보자.

꼭 기억해야 할 것은 lie는 목적어가 필요 없고 lay는 반드시 목적어가 필요하다는 것이다. lay는 '내려놓다'라는 의미이기 때문에 무엇을 내려놓는 것인지를 꼭 말해 줘야 한다는 뜻이다.

예 ▶ I want to lie down for a few minutes.
나 몇 분만 누워 있고 싶어.

예 ▶ I want to lay down for a few minutes.(×)
→ 목적어가 없으니 틀린 문장이다.

예 ▶ I will lay these books on that table.
이 책들을 저 테이블에 올려놓을게. → books가 목적어다.

그렇기 때문에 'lay down, Sally'가 아니라 'lie down, Sally'라고 해야 맞다. 그런데 Sally가 술에 취했든지, 너무 피곤해서 자고 있든지, 하여튼 누가 Sally를 들고 있거나 업고 있는 상황에서 "Lay down Sally."라고 하면 "Sally를 내려놔."라는 뜻이 된다. 물론 에릭 클랩튼의 노래는 그런 상황이 아니다.

이 두 단어가 정말 헷갈리는 이유는 lie의 과거형이 lay이기 때문이다! 그러니까 lie down을 과거형으로 말하면 lay down이 된다. 같은 스펠링의 단어이기 때문에 문장의 시제를 잘 이해해야 한다. 그래서 많은 사람들이 (원어민들조차) 이 두 단어를 잘못 사용하는 것이다. lay의 과거형은 laid다. 그래서 "I will lay these books."를 과거형으로 말하면 "I laid these books."가 된다.

A n s w e r

이 소파에 좀 누워.
<u>Lie</u> down on this sofa.

"A friend is someone who helps you up when you are down, and if they can't, they lie down beside you and listen."

친구란 내가 쓰러졌을 때 일으켜 주는 사람이고 그렇게 못할 때는 내 옆에 누워 내 말을 들어 주는 사람이다.

2 PERMIT vs. ALLOW

아빠가 밤늦게까지 밖에 돌아다니지 못하게 해!
My dad doesn't <u>permit / allow</u> me to stay out late at night.

permit과 allow는 둘 다 '허락하다'라는 뜻이다. 사실 이 두 단어는 100퍼센트 동의어이기 때문에 서로 바꿔 써도 문제가 안 된다. 물론 문법적인 차이는 있다. 예를 들면 it을 주어로 쓰는 문장에서는 allow 대신 permit을 주로 사용하지만 복잡한 문법 설명은 생략하기로 하겠다. 하지만 문법적인 차이 외에도 사람들이 실질적으로 사용할 때에 조금 차이를 두고 사용한다.

permit은 원래 '통과시키다'라는 의미로 보통 규칙에 의해 공적으로 허가하는 경우에 많이 사용한다. 그런 의미에서 permit은 allow보다 더 격식을 갖춘 상황 그리고 더 객관적인 상황에서 사용한다고 할 수 있다. permit을 allow 대신 쓸 수도 있지만 일반 대화에서는 allow를 더 많이 사용한다. 그런 의미에서 allow는 상대적으로 주관적인 표현이라고 할 수 있다.

예 ▶ Photos Not Permitted.
사진촬영 금지.

이런 식으로 공식적인 푯말 등에는 allow보다 permit을 더 많이 사용한다.

예 ▶ You are not allowed to take pictures here.
여기서 사진 찍으면 안 됩니다.

일반 대화에서는 allow를 주로 사용한다.

다음 문장은 permit과 allow의 차이를 잘 보여 준다.

예 ▶ The teacher allowed me to drink a glass of beer though it was not permitted.

(규칙으로는) 금지되어 있지만, 선생님은 맥주를 한 잔 마시게 (허락)해 주셨다.

Answer

아빠가 밤늦게까지 밖에 돌아다니지 못하게 해!
My dad doesn't allow me to stay out late at night.

물론 둘 다 맞지만 일반적인 대화에서는 allow를 주로 사용한다.

"'Worry' is a word that I don't allow myself to use."
나는 내 자신에게 '걱정'이란 단어를 사용하게 허락하지 않는다.

_드와이트 데이비드 아이젠하워(Dwight D. Eisenhower)

---

3 PLAY vs. HANG OUT

어젯밤에 친구들과 놀았다.
I <u>played / hung out</u> with my friends last night.

지금까지 본 단어들 중에는 영어를 처음 배우기 시작하면서 접했던 단어들이 여러 개 있었다. 그런 단어들 중에 하나가 play다. play 하면 가장 먼저 떠오른 말은 '놀다'인데 그 뜻만 알고 있으면 '놀다'라는 말에는 무조건 play를 사용하게 된다. 하지만 '놀다'라는 말이 광범위하게 사용되듯 영어에서도 play라는 단어는 광범위하게 쓰인다. 그리고 '놀다'라고 번역을 할 수 없는 경우가 많다. 그중에 몇 가지만 보자.

잘 알듯이 운동 경기나 게임을 할 때 play를 사용하는데 보통 구기 종목에 play를 쓴다.

예 ▶ I play baseball / basketball / tennis.
나는 야구 / 농구 / 테니스를 한다.

예 ▶ I enjoy playing card games / StarCraft.
나는 카드 게임을 / 스타크래프트하는 걸 좋아한다.

play는 '장난치다'라는 뜻도 있다.

예 ▶ I'm just playing with you.
그냥 장난친 거야.

play가 '놀다'라는 뜻으로 쓰일 때는 아이들이나 동물과 놀 때뿐이다.

예 ▶ I played with children / my dog.
나는 아이들과 / 우리 집 강아지와 놀았다.

어린아이가 "I played with my friends."라는 말을 한 경우는 문제가 되지 않는다. 하지만 어린아이가 아니라 어른이 친구와 논다고 할 때는 play를 쓰지는 않는다. play를 '놀다'의 의미로 쓸 때는 특히 조심해야 하는데 '성적으로 즐긴다'는 뜻을 갖고 있기 때문이다. 친구들과 즐거운 시간을 보내며 놀았다고 하는 경우 hang out with라는 표현을 사용한다. hang out with는 '같이 어울려서 시간을 보내다'라는 뜻이다.

예 ▶ You want to hang out with us tonight?
오늘 저녁에 우리랑 놀래?

예 ▶ My friends and I usually hang out in Jongno.
내 친구들과 나는 주로 종로에서 논다.

A n s w e r

어젯밤에 친구들과 놀았다
I _hung out_ with my friends last night.

"It's better to hang out with people better than you."
자신보다 너 나은 사람들과 어울려 다니는 것이 좋다.
_워렌 버핏(Warren Buffet)

4 PROHIBIT vs. FORBID

금지된 사랑!
Prohibited / Forbidden love!

prohibit과 forbid, 두 단어 모두 '금지하다'라는 뜻이다. 앞에서 봤던 permit과 allow를 이해했으면 이 두 단어도 쉽게 이해할 수 있다. 왜냐하면 prohibit과 forbid는 permit과 allow의 반의어이기 때문이다. 그래서 같은 룰이 적용된다.

간단히 설명하면 permit의 반의어는 prohibit이고 allow의 반의어는 forbid가 된다. 그래서 이 두 단어도 사전적인 뜻으로만 보면 바꿔 사용해도 상관없지만 앞에서 얘기했듯이 사람들이 실제로 사용할 때는 조금 차이가 있다. prohibit은 법이나 규칙에 의한 금지(ban)를 나타낸다.

예 ▶ They are prohibited from traveling abroad.
그들은 출국이 금지되었다.

예 ▶ Smoking is prohibited here.
이곳에서는 담배 피우는 것을 금합니다.

forbid는 일반적으로 '금하다'라는 뜻으로 규칙에 의해 금지된 것이 아니라 도덕적인 의미가 강하다. 사람들이 잘 알고 있는 두 가지가 영어에는 forbid

로 되어 있다.

예 ▶ forbidden tree.
성경에 나오는 선악과나무.

예 ▶ The Forbidden City.
중국 베이징에 있는 자금성.

관용어로는 "God forbid!"라는 표현이 있다. 직역은 "신이 금지하다."라는 뜻인데 "절대 안 돼!"라고 강하게 부정할 때 사용한다.

법에 의해 금지된 것이 아니라 주위의 반대나 관습적으로 반대되는 사랑이라는 뜻이 크기 때문에 forbidden이 맞다.

"Smoking in the lavatories is prohibited. Any person caught smoking in the lavatories will be asked to leave the plane immediately."

화장실에서 흡연을 금함. 발견될 시 즉시 비행기에서 내보냄.

5 RESPOND vs. REPLY

그들은 새 약에 반응을 보일 것이다.
They will <u>respond / reply</u> to the new medicine.

인터넷 문화가 발달하면서 익숙해진 외래어들이 많이 있다. 그중 하나가 '리플'이라고 줄여 말하는 reply다. reply와 respond는 둘 다 '대답하다, 답장을 보내다'라는 뜻이 있다. 의미상 겹치는 부분이 있어서 바꿔 사용해도 되는 경우가 있지만 안 되는 경우도 있다.

우선 겹치는 부분을 보자.

reply나 respond는 답을 하는 경우 사용한다. 누가 무엇을 물어봤을 때 대답하는 경우 사용할 수 있는데 이메일같이 서면으로 답장을 해 줄 때 많이 사용한다.

예 ▶ Thank you for replying(=responding) to my message.
제 메시지에 답장을 주셔서 감사합니다.

예 ▶ She would not reply(=respond) to my question.
그녀는 내 질문에 답장을 안 한다.

respond는 조금 형식적인 단어다. 그래서 reply보다 조금 더 딱딱하게 들릴 수 있다. 그리고 respond는 '반응을 보이다'라는 뜻이 있다. 그런 경우

reply로 바꿔서 사용할 수 없다. 가장 쉽게 reply와 구분을 지을 수 있는 것은 상대가 누구냐는 것이다. 서로 대화를 나눌 수 있는 상대, 즉 답을 할 수 있는 상대면 두 단어 모두 가능하지만 대화가 불가능한 상대면 답을 하는 것이 아니라 반응을 보이는 것이다. 그래서 그런 경우에는 respond만 가능하다.

예 ▶ **How did he respond to the news?**
그 사람이 소식에 어떤 반응을 보였나요? → 소식에 대답할 수 없다.

예 ▶ **The car responded differently to the different gas.**
자동차는 다른 기름에 다른 반응을 보였다. → 자동차는 대답할 수 없다.

초대장에 RSVP라고 적혀 있는 경우가 있다. RSVP는 'Respondez S'il vous Plait'라는 프랑스어의 약자로 영어로는 Please Respond가 된다. 그러니까 꼭 답장을 달라는 얘기다.

Answer

그들은 새 약에 반응을 보일 것이다.
They will <u>respond</u> to the new medicine.

어떤 약에 '대답'을 하는 것이 아니라 반응을 보이는 것이기 때문에 답은 respond다.

"It is better to listen in order to understand than to listen in order to reply."

이해하기 위해 듣는 것이 답을 하기 위해 듣는 것보다 낫다.

6 SURPRISE vs. STARTLE

모두 그녀의 비명 소리에 깜짝 놀랐다.
People were all <u>surprised / startled</u> by her scream.

몇 년 전 영국의 〈브리튼스 갓 탤런트(Britain's Got Talent)〉라는 쇼에서 휴대폰 가게 매니저로 일하는 초라한 남자가 아름다운 오페라 아리아를 불러 사람들을 놀라게 한 일이 있었다. 바로 폴 포츠(Paul Potts)다. 사람들은 그의 아름다운 목소리에 깜짝 놀라고 감동했으며 아낌없는 박수를 보냈다. 그는 이제 성악가로 활동하며 우리나라에서도 공연을 했다.

폴 포츠가 노래를 부르던 장면을 보면서 놀랐을 때 여기서 '놀라다'는 영어로 어떻게 할까? 아마 가장 먼저 떠오르는 단어는 surprise일 것이다. 맞다.

예 ▶ Paul Potts surprised many people at 〈Britain's Got Talent〉.
폴 포츠는 〈브리튼스 갓 탤런트〉에서 많은 사람들을 놀라게 했다.

그러면 공포영화를 보다가 깜짝 놀라서 비명을 질렀을 때의 '놀라다'라는 표현은 어떻게 할까?

영어를 배울 때 가장 헷갈리는 부분 중에 하나가 한국말은 한 가지 표현을 같이 쓰는데 영어는 각 상황에 따라서 다른 단어를 사용하는 경우다. 그래서 그 상황을 잘 이해해야 하는데 '놀라다'도 그런 경우 중 하나다.

기대를 하지 않고 있다가 폴 포츠가 의외로 노래를 잘하는 모습을 보고 놀라는 것과 공포영화를 보다가 놀라는 것은 느낌이 전혀 다르다. 공포나 두려움 때문에 무서워서 놀라는 경우는 startle이라고 한다.

예 ▶ **The book has a surprise ending.**
이 책은 놀라운 결말이 있다.

예 ▶ **I have a surprise for everyone.**
모두를 놀라게 할 소식이 있어.

예 ▶ **I didn't mean to startle you.**
미안해. 널 놀라게 하려고 한 건 아니야.

예 ▶ **The thunder startled me.**
천둥 때문에 놀랐어.

Answer

모두 그녀의 비명 소리에 깜짝 놀랐다.
People were all <u>startled</u> by her scream.

"Don't tell people how to do things. Tell them what to do and let them surprise you with their results."

사람들에게 어떻게 해야 하는지 알려 주지 말라. 뭘 해야 하는지만 알려 주고 그들의 결과로 당신을 놀라게 만들도록 하라.

---

7 BORROW vs. LEND

영어로 '빌리다'는 표현은 여러 개가 있다. 우선 쉬운 단어부터 보자. borrow는 '빌리다'라는 뜻이다. 내 것이 아닌 것을 특정 기간 동안 상대방의 허락으로 빌리는 것이다. '빌리다' 하면 떠오르는 영어 단어가 또 있다. 바로 rent다. 그런데 rent는 어떤 물건을 돈을 주고 빌려 사용하는 것을 뜻한다. 담뱃불을 빌려 달라고 할 때는 'borrow'고 DVD 영화를 대여해서 볼 때는 'rent'가 되는 것이다.

예 ▶ Can I borrow your lighter?
라이터 좀 빌릴 수 있을까요?

예 ▶ Let's rent a movie tonight.
오늘 저녁에 영화 한 편 빌려서 보자.

빌리는 사람이 있으면 빌려 주는 사람이 있어야 한다. lend는 '빌리다'가 아니라 '빌려 주다'라는 뜻이다. 따라서 빌리는 사람은 borrower고 빌려 주는 사람은 lender다. 사람들은 borrow라는 단어에 익숙해 있어서 '빌려 달라'고 말을 할 때에도 borrow를 사용하는 경우가 많은데 이 경우에는 lend라고 해야 한다.

라이터를 빌리는 예를 다시 들면 "Can I borrow your lighter?"는 "라이터 좀 빌릴 수 있을까요?"라는 뜻이고, "Would you lend me your lighter?"는 "라이터 좀 빌려 줄래요?"라는 뜻이 된다.

결과적으로 똑같이 라이터를 빌리는 것이지만 빌리는 사람을 주어로 하느냐, 빌려 주는 사람을 주어로 하느냐에 따라 표현이 달라진다.

'빌려 줄래'라는 말은 빌리는 사람의 입장이 아니라 빌려 주는 사람의 입장에서 말을 하는 것이다. 그래서 답은 lend가 된다.

"Good writers borrow from other writers. Great writers steal from them outright."

좋은 작가들은 다른 작가들로부터 빌려 온다. 훌륭한 작가들은 완전히 훔쳐 온다.

_아론 소킨(Aaron Sorkin, 미국 작가)

8 AFFECT vs. EFFECT

'영향을 주다'라는 말에서 '영향'은 영어로 affect일까, effect일까?

이 책에서 다루고 있는 단어들 중에는 원어민들이 봤을 때 어려워할 단어는 많지 않겠지만 어떤 단어들은 원어민들도 많이 헷갈려 한다. 그중 대표적인 단어가 바로 affect와 effect다. 스펠링도 비슷하고 발음도 비슷하고 뜻도 비슷해서 그런 것인데 여기 명쾌한 구분 방법이 있다.

affect는 '영향을 주다'라는 뜻으로 주로 동사로 사용된다.

예 ▸ His presence affects the team.
그의 존재감은 팀에 영향을 끼친다.

예 ▸ This medicine can affect the heart.
이 약은 심장에 영향을 끼칠 수 있다.

effect는 '영향, 효과'라는 뜻으로 주로 명사로 사용한다. effect는 영향을 '주는' 것이 아니라 '결과물'을 말할 때 사용한다. 정리하면 affect에 대한 결과물이 effect인 것이다.

예 ▸ The medicine had an immediate effect.
약은 빠른 효과가 있었다.

예 ▶ The medicine had no effect.
약은 아무런 효과가 없었다.

앞에 나온 예를 가지고 바꿔서 얘기를 하면 이렇게 된다.

예 ▶ His presence had a great effect on the team.
그의 존재감은 팀에게 큰 효과가 있었다.

예 ▶ The effect was confidence.
그 효과는 자신감이었다.

결과물을 말하는 것이 아니라 직접적인 영향을 준 것이기 때문에 답은
affected다.

"The cause is hidden ; the effect is visible to all."

원인은 숨겨져 있지만 결과는 모두가 볼 수 있다.

_오비디우스(Ovid, 고대 로마 시인)

9 CAN vs. BE ABLE TO

제가 잠깐 들어갈 수 있을까요?
Can I / Am I able to come in for a minute?

"I can do it."

can은 아주 익숙한 단어다. 그런데 우리는 학교에서 be able to도 동의어라는 사실을 배웠다. 그러면 언제 can을 쓰고 언제 be able to를 쓰는 걸까? 아니면 아무 때나 바꿔 써도 상관없는 걸까?

can은 긴 설명 필요 없이 '할 수 있다'는 뜻을 가진 가장 일반적인 표현이다.

예 ▶ He can speak five languages.
그는 5개 국어를 할 수 있다.

예 ▶ She can dance to any music.
그녀는 어떤 음악에도 춤을 출 수 있다.

be able to도 '할 수 있다'는 뜻이고 거의 모든 경우 can과 바꿔 사용할 수 있다. 그런데 약간의 차이가 있기는 하다. 일반적으로 can을 더 많이 사용하는 이유는 be able to가 더 딱딱한 표현이기 때문이다. 따라서 be able to를 사용하면 can보다 조금 더 형식적인 문장을 만들 수 있다.

"I can't go to the meeting tomorrow."

"I will not be able to go to the meeting tomorrow."

바꿔서 사용할 수 없는 경우도 있다. "Can you play the piano?"는 "피아노를 칠 수 있니?"라는 뜻이다. 피아노를 칠 줄 아는지 모르는지 묻는 뜻일 수도 있고 피아노 치는 사람이 손을 다쳤다고 가정할 때 피아노를 칠 '능력'이 있는지 묻는 것일 수도 있다. "Are you able to play the piano?"라고 물으면 피아노를 칠 수 있다는 사실을 전제하고 있기 때문에 능력에 대해 묻는 것이다.

또한 can이 능력이 아니라 '허락'을 구하는 의미로 사용될 때는 be able to와 바꿔서 사용할 수 없다.

예 ▶ Can I go home early today?
오늘 집에 일찍 가도 되나요?

사실 문법적으로는 may가 맞는 표현이지만 요즘은 can으로 더 많이 사용하고 있기 때문에 자연스럽게 받아들여지고 있다.

Answer

제가 잠깐 들어갈 수 있을까요?
Can I come in for a minute?

지금 상황은 내가 들어갈 능력이 있는지 없는지를 묻는 것이 아니라 허락을 묻고 있다. 그래서 답은 can이다.

"To truly laugh, you must be able to take your pain, and play with it!"
진정으로 웃을 수 있으려면 자신의 고통을 가지고 놀 수 있어야 한다.

_찰리 채플린(Charlie Chaplin)

10 CHECK vs. CONFIRM

음향 좀 확인해 봐.
Please check / confirm the sound.

check는 많이 사용하는 단어다. confirm도 많이 들어 본 단어다. 둘 다 '확인하다'라는 뜻이다. 그러면 두 단어는 어떻게 다를까?

check는 한번 알아보는 차원에서 확인하는 것을 말한다. 그러니까 '조사하다, 점검하다' 등의 의미가 있다. 체크 부호(∨)를 떠올리면 이해하기 쉽다. 내용을 점검·확인한 후에 체크 표시를 하는 것과 같다.

예 ▶ Immigration officers checked my bags at the airport.
공항에서 이민국 직원들이 내 가방을 확인했다.

예 ▶ We have to check the building for structural damage.
우리는 구조적인 피해를 찾아보기 위해 그 건물을 검사해야 한다.

confirm은 이미 알고 있는 사실이나 정해진 일정, 결심 등을 다시 한 번 확인하여 확실하게 해 두는 것을 말한다. 그래서 주로 예약이나 주문 등을 확인할 때 사용한다.

예 ▶ The letter from him confirmed what you had told me before.
그의 편지로 당신이 전에 말해 준 사실이 확인되었다.

인터넷으로 비행기 티켓을 예약한 다음 날 확인을 위해 항공회사에 전화하는 것은 confirm the reservation이다. 인터넷으로 물건을 구입한 후에 주문한 물건이 어디쯤 왔는지, 언제 도착하는지 확인해 보는 것은 check the status of the order가 된다.

음악 콘서트를 준비하는 과정에서 음향 시스템을 확인해 보려고 담당자에게 "음향 좀 확인해 봐."라고 했을 경우 어떤 사실이 정확한지 확인을 하는 경우가 아니라 '점검'을 하는 것이므로 답은 check가 된다.

"Music was invented to confirm human loneliness."
음악은 인간의 외로움을 확인하기 위해 만들어졌다.
_로렌스 더렐(Lawrence Durrell, 작가)

---

11 CLIMB vs. HIKE

등산은 영어로 climbing 또는 hiking이라고 말을 한다. 하지만 한국에서는 hiking보다는 climbing을 훨씬 더 많이 사용한다. 가장 큰 이유는 학교에서 그렇게 배웠기 때문이겠지만 문화적인 차이도 있는 것 같다.

이 두 단어의 사전적인 뜻을 보면 climb은 '올라가다'라는 뜻이고 hike는 '자연 속에서 먼 거리를 걷다'라는 뜻을 가지고 있다. 한국은 산이 많기 때문에 산을 '올라가'는 경우가 많다. 하지만 외국에는 위로 올라가는 산보다는 숲 속을 걸으면서 산책할 수 있는 길이 많이 있기 때문에 hiking을 많이 한다.

이 두 단어는 겹치는 부분이 있지만 우선 차이가 무엇인지 살펴보자.

에베레스트 산 같은 높고 험악한 산들을 오를 때는 등산이 아니라 등반을 한다고 하는데 이때 등반은 영어로 climbing이다. 산악장비를 제대로 갖추고 로프를 붙들고 산을 오르는 것이 climbing이다.

최근 제주도 올레길과 지리산 둘레길이 관광지로 각광받고 있는데 이처럼 비교적 평탄한 산길을 걷는 것은 hiking이다.

이제 climbing과 hiking이 겹치는 부분을 보자. 영어권에서는 산을 오른다고 해서 무조건 climbing이라고 하지 않는다. 별로 힘 안 들이고 올라갈 수 있는 산이면 hiking이라고 한다. 암벽등반 같은 경우 난이도가 높기 때문에 등반하는 것이 된다. 따라서 암벽등반은 영어로 rock climbing이라고 한다. 결국은 난이도의 차이에 따라 표현이 달라지는 것인데 난이도를 결정하는 것도 주관적이기는 하다.

그냥 취미로 주말에 몇 시간 산에 올라갔다 오는 정도면 climbing이라고 하기엔 너무 거창하고 hiking이라고 하는 것이 낫다고 생각한다. 하지만 직접 산을 올랐던 사람이 죽을 것같이 힘들게 올라갔다면 climbing이라고 해도 틀렸다고 볼 수는 없다.

참고로 지리산 둘레길이나 제주도 올레길 같은 길, 그리고 산에 있는 등산로는 trail이라고 부른다.

"There are only 3 real sports : bull-fighting, car racing and mountain climbing. All the others are mere games."

투우, 자동차 경주, 등반 이 3개가 진정한 스포츠다. 나머지는 그냥 게임일 뿐이다.

_어니스트 헤밍웨이(Ernest Hemingway)

12 COMPARE TO vs. COMPARE WITH

내 애인은 전 애인과 비교했을 때 훨씬 더 예뻐.
<u>Compared to / Compared with</u> my ex-girlfriend,
my current girlfriend is much prettier.

Compare to와 Compare with는 우리보다 영어를 모국어로 사용하는 원어민들이 더 헷갈려한다. 많은 원어민들이 이 두 관용어를 같은 뜻으로 알고 무분별하게 쓰고 있는 것을 보면 알 수 있다. 우리가 '다르다'와 '틀리다'를 정확하게 쓰지 못하는 것과 비슷하달까?

대개 사람들이 토익을 준비하면서 시험에 자주 나오는 단어들을 달달 외우며 공부하듯이 이 두 관용어는 GMAT(미국 경영대학원에 들어가기 위해 보는 시험)에 단골로 나오는 표현이기 때문에 GMAT을 공부하는 사람들은 한번쯤은 꼭 짚고 넘어간다. 영어를 모국어로 사용하는 사람들이 경영대학원에 들어가기 위한 시험에 자주 나올 정도니 얼마나 난이도가 높은 표현인지 어느 정도 감을 잡을 수 있을 것이다. 사람들이 헷갈려 하는 이유는 이 책에 있는 단어들이 우리를 헷갈리게 하는 이유와 같다. 두 표현이 너무 비슷해 보이기 때문이다. 핵심 단어인 compare가 같고 전치사만 다르기 때문에 to를 쓰나 with를 쓰나 같다고 생각하고 혼용하는 것이다.

사실 오히려 우리에게는 의외로 간단한 관용어다. 한국말로는 이 두 단어를 각각 다른 말로 번역할 수 있기 때문이다. 그러니까 전혀 헷갈릴 이유가 없다.

compare to는 '비교'라는 말 대신 '비유'로 바꾸면 간단해진다. 그러니까 어떤 것을 다른 것에 비유할 때 사용하는 표현이다.

예 ▶ I can compare life to a game of baseball.
인생을 야구 경기에 비유할 수 있다.

예 ▶ He compared her to a beautiful flower.
그는 그녀를 아름다운 꽃에 비유했다.

compare with는 서로 비교할 때 사용하는 표현이다. 벤츠와 BMW를 놓고 견주는 상황에서 쓰는 것이다.

예 ▶ Your house is very big compared with mine.
네 집이 우리 집하고 비교했을 때 아주 넓어.

두 사람을 비교하는 것이기 때문에 답은 compared with다.

"Winners compare their achievements with their goals, while losers compare their achievements with those of other people."

승자는 자신의 성과를 자신의 목표와 비교를 하지만 실패자는 자신의 성과를 다른 사람들과 비교한다.

---

13 CONVINCE vs. PERSUADE

재 좀 꾀어 봐!
Convince / Persuade him!

이런 단어들이 영어를 배우는 사람들을 참 헷갈리게 한다. 하지만 앞에서도 얘기했듯이 이런 말은 영어를 모국어로 사용하는 원어민들도 잘 틀린다. 원어민들은 태어날 때부터 감각적으로 말을 하기 때문에 문법에 맞지 않는 경우가 있다. 그래서 우리는 좀 더 유리하다. 새로운 단어를 배울 때 뜻과 쓰임을 제대로 파악해 가며 제대로 공부하는 습관을 들이자.

convince와 persuade는 '설득하거나 납득이 가도록 얘기한다'는 뜻으로 거의 비슷한 단어여서 바꿔서 사용할 수 있는 경우가 많다. 하지만 분명히 차이가 있다.

convince는 쉽게 말해 논리적으로 설득하는 것이다. 상대방과 내가 알고 있는 사실이 다른 경우 증거나 이유를 통해서 그 사람의 생각을 바꾸는 것이다. 그러니까 법정에서 변호사의 논리를 듣고 어떤 사람이 범인이라는 결정을 내리는 것은 convince가 된다.

예 ▶ Brian convinced me that he is not the one who stole the money.
브라이언은 자신이 돈을 훔치지 않았다는 것을 나에게 납득시켰다.

persuade는 상대방의 의지와 감정에 초점을 두어 설득하는 것을 말한다.

그리고 생각에서 한 발짝 더 나아가 행동까지 이어질 수 있도록 하는 것이다.

예 ▶ I am on a diet, but Susan persuaded me to eat pizza.
난 다이어트 중이지만 Susan은 내가 피자를 먹게끔 설득했다.

이 문장처럼 누구를 꾀어서 무엇을 하게 만드는 것은 persuade다. 다시 해석하면 지금 다이어트 중인데 Susan이 내가 피자를 먹도록 꾀었고 내가 거기에 넘어간 것이다.

A n s w e r

쟤 좀 꾀어 봐!
<u>Persuade</u> him!

누구를 '꾀이다'라는 표현은 convince보다 persuade에 가깝다. 그래서 답은 persuade다.

"If you can't convince them, confuse them."
설득시킬 수 없으면 헷갈리게 만들어라.

_해리 트루먼(Harry Truman)

14 COUNT vs. CALCULATE

1부터 10까지 세어 봐.
Count / Calculate from one to ten.

count와 calculate는 모두 숫자와 관련된 단어들이다. 하지만 뜻은 전혀 다르기 때문에 구분하기가 어렵지는 않다.

count는 하나하나 수를 세는 것이다.

예 ▶ Count the shoes in the box.
박스에 신발이 몇 개인지 좀 세어 봐.

count와 관련된 표현들을 살펴보자. "내가 셋 셀 때까지 뭐 뭐 해.", "내가 열 셀 때까지 뭐 뭐 해."는 영어로는 이렇게 얘기한다.

예 ▶ Get up before I count to 10.
내가 열까지 세기 전에 일어나.

"하나, 둘, 셋 하면 뭐 뭐 해."라는 말도 자주 하는데 영어로는 이렇게 말한다.

예 ▶ On the count of three, everyone push!
셋에 다 같이 밀어!

count in은 '셈에 넣다', count out은 '셈에서 빼다'라는 의미다. 저녁에 회식에 참석할 사람들 수를 세고 있는데 count me in이라고 하면 그 수에 나를 넣어 달라는 뜻이고 count me out이라고 하면 그 수에서 나는 빼 달라는 뜻이 된다. "It doesn't count."를 직역하면 "그것은 셈에 넣을 수 없다."인데 "그건 무효야."라는 뜻이다. countdown은 수를 거꾸로 세는 것이다.

calculate는 복잡한 과정, 변수 등을 통해 계산을 하는 것이다. 보통 수학이나 과학에서 기계를 이용하여 계산하는 것을 의미한다. 그 외에 '추정하다, (미래의 변수들을 계산하여) 예측하다' 등의 의미가 있다.

예 ▶ Calculate the total travel time.
총 여행 시간을 계산해 봐.

계산기는 영어로 calculator라고 한다.

숫자를 세는 것이기 때문에 답은 count다.

- -

"Don't count your chickens before they are hatched."
병아리가 알을 깨고 나오기 전까지는 닭이 몇 마리인지 세지 말라(김칫국부터 마시지 말라는 뜻).

- -

EAT vs. DRINK vs. TAKE

이 약을 4시간마다 한 번씩 먹어.
Eat / Take this medicine every four hours.

영어를 배울 때 가장 많이 하는 실수 중에 하나가 한국말을 그대로 직역해서 말을 하는 것이다. 물론 충분히 이해는 한다. 표현을 모르니까 자신이 아는 만큼 노력을 한 것이다. 그래서 "너 두고 보자."를 영어로 하면 "See you later."라는 식의 유머가 유행하기도 했었다. 직역으로 되는 표현도 있지만 틀린 경우도 많이 있다. 명사는 사전에 나와 있는 단어들로 번역을 해도 크게 문제될 게 없지만 다른 부분들은 무조건 직역을 하면 안 되는 경우가 많기 때문에 조심할 필요가 있다.

우리가 자주 실수하는 표현 중 하나가 '먹다'라는 단어다. 제일 먼저 떠오르는 단어는 eat다. 하지만 한국말로 '먹다'라는 표현은 영어의 eat보다 훨씬 더 광범위하게 쓰인다. 우리는 입을 통해서 배로 들어가는 것을 대부분 '먹다'라고 한다. 그래서 음식 외에도 술을 먹다, 약을 먹다 등으로 쓸 수 있다. eat는 비슷한 뜻이긴 하지만 '씹어서 삼키는 것'을 의미한다. 그렇기 때문에 음료로 된 것이나 약을 먹을 때는 eat를 쓸 수 없다.

음료를 먹는 경우는 마시는 것이므로 drink라고 하고 약을 먹을 때는 take를 쓴다. 씹어 먹는 것이 아니기 때문이다. take는 여러 의미로 사용될 수 있는데 약을 먹는 경우에는 '복용하다' 정도로 해석할 수 있다.

정리하면 입으로 씹어 먹는 것은 eat, 마시는 것은 drink, 복용하는 경우에는 take를 쓰는 것이 맞다.

예 ▶ I am eating lunch right now.
나 지금 점심 먹고 있어.

예 ▶ Would you like to drink a cup of coffee?
커피 한잔 마실래?

Answer

이 약을 4시간마다 한 번씩 먹어.
<u>Take</u> this medicine every four hours.

우리말로는 약을 '먹다'이지만 영어에서는 정확하게 '복용하다'라는 개념을 적용해서 take를 쓴다.

"The only way to keep your health is to eat what you don't want, drink what you don't like, and do what you'd rather not."

자신의 건강을 지킬 수 있는 유일한 방법은 먹기 싫은 것을 먹고, 마시기 싫은 것을 마시고, 하기 싫은 것을 하는 것이다

_마크 트웨인

---

16 EMIGRATE vs. IMMIGRATE

외국 공항에 내려서 입국절차를 밟으면서 제일 먼저 통과해야 하는 곳이 immigration office다. '이민국'이란 뜻인데 사람들의 출입국을 관리하는 곳이다. 우리는 '이민국'이라고 하지 않고 '출입국 관리사무소'라는 명칭을 사용한다.

emigrate와 immigrate는 스펠링 하나 차이로 헷갈리는 단어들과는 조금 다른 경우다. 이 두 단어 모두 상황에 따라서 '이민 가다'라는 의미로 사용할 수 있는데 어느 관점에서 보느냐에 따라서 단어가 바뀐다. e와 i의 차이만 기억하면 외우기 아주 쉽다.

emigrate는 머물고 있던 곳을 떠나는 것에 초점이 맞춰진다. 그러니까 원래 어디에 있었냐가 중요한 것이다. e는 exit라고 생각하면 된다. exit은 '출구'라는 뜻이다. 그래서 어디에서 나가는 것인지를 말해 줘야 한다.

한국에서 미국으로 이민을 간 경우, "He emigrated from Korea to America(그는 한국에서 미국으로 이민을 갔다)."라고 해야 한다.

반면 immigrate는 떠나는 곳에 초점이 맞춰진 것이 아니라 가는 곳에 초점이 맞춰져 있다. i는 in으로 기억하면 된다. in은 '안'이라는 뜻이다. 그러니까 '안으로 들어간다'고 기억하자.

앞 문장에서 emigrate 대신 immigrate를 대입해서 다시 써 보면, "He immigrated to America from Korea."가 된다. 이는 "그는 한국에서 미국으로 이민을 갔다."고 해석할 수도 있고, 말을 하고 있는 사람이 미국에 있다면 "그는 한국에서 미국으로 이민 왔다."고 해석할 수도 있다.

제일 중요한 것은 이 두 단어를 헷갈리지 않으려면 전치사까지 외우는 것이다. emigrate from과 immigrate to까지.

친구가 캐나다로 이민 갔어.
My friend immigrated to Canada.

캐나다가 목적지이기 때문에 답은 immigrate다. 하지만 말을 하고 있는 사람이 한국에서 캐나다로 간 친구 이야기를 하는 경우 "He emigrated (from Korea) to Canada."를 줄여서 "He emigrated to Canada."라고 말하기도 한다.

"New Zealanders who emigrate to Australia raise the IQ of both countries."
호주로 이민을 가는 뉴질랜드인은 두 나라의 평균 아이큐를 올린다.

_로버트 멀둔(Robert Muldoon, 전 뉴질랜드 수상)

제4장
형용사·부사 편

형용사와 부사, 쉬운 예문으로 자연스럽게 익히자

형용사나 부사는 매우 다양한 용법이 있어서 복잡하고 어려워 보인다. 형용사만 하더라도 명사를 앞에서 꾸며 주기도 하지만 be동사 뒤에서 동사처럼 사용되기도 한다. 두 가지 용법 중에서 한 가지로만 쓸 수 있는 형용사들이 있는데, 이런 건 외우기보다는 자연스럽게 용법을 통해 기억하면 되는 문제다. 서술적 형용사니 뭐니 문법책 공부하듯이 외울 필요가 전혀 없다.

영어는 말이다 보니 쉽게 생각하며 공부하는 게 바람직하다. 예를 들어 up / down이나 in / out 등 서로 짝을 이루는 부사들은 동사의 움직임이 향하는 방향을 구체적·추상적으로 덧붙임으로써 기본적인 동사를 더 다양한 의미로 사용하게 만들어 준다. 이런 부사들은 절대로 어렵고 난해한 동사와 결합되는 일이 없다. look up / look down이나 get in / get out은 있어도 respect up이라든가 despise down 등의 동사구를 쓰지는 않으니까. 별 뜻이 없어 보이는 단순한 부사들은 역시 단순한 동사들과 결합해 부사구를 만들어 기본적인 단어의 뜻을 확장해 준다. 복잡한 부사들은 부가적인 의미를 추가해 준다. look for something desperately라는 표현에서 desperately는 찾긴 찾는데 '절망적으로' 찾는다는 의미를 덧붙여 준다. 여기서 뜻이 분명치 않은 단순한 부사와 뜻이 분명한 복잡한 부사들의 쓰임새가 다르다는 걸 알 수 있는데, 이런 것 역시 따로 공부하지 않아도 자연스럽게 알게 되는 것 이다.

어려운 단어 말고 쉬운 단어를 공부하라

실제로 형용사나 부사를 공부할 때 중요한 것은 고유한 단어와 파생된 단어의 차이이다. 파생된 단어는 원래의 단어와 그 변형 형태를 알면 의미 파악이 쉽다. 하지만 그렇기 때문에 뉘앙스를 잘못 파악하면 혼란스러운 경우가 생긴다. '어린애 같다'고 할 때 긍정적인 childlike와 부정적인 childish를 구별하는 것과 같은 경우다. 대신 고유어는 이런 문제 대신 개별적인 경우를 다 따로 기억해야 한다는 어려움이 있다.

여기서 강조하고 싶은 것은 쉬운 단어를 열심히 공부하라는 것이다. 만일 외국인이 한국에 온다면 '고독하다'는 어려운 말을 몰라도 '외롭다'는 말만 알아도 충분할 것이다. 마찬가지로 sophisticated(세련된, 어려운)라는 단어를 외우려고 에너지 낭비하지 말고 기본적인 단어의 뉘앙스에 집중하라는 뜻이다.

우리말로 치자면 외국인이 한국어를 배울 때 '단지', '매우', '꽤' 같은 기본적인 단어들의 풍부한 뉘앙스를 아는 게 더 중요하지 '시나브로'라든가 '바야흐로', '급기야' 같은 단어를 열심히 외우고 있으면 웃기는 일이 되는 것과 같다.

이미 아는 어휘를 제대로 이해하는 게 중요

드물지 않게 있는 일이지만 『vocabulary 22000』, 『vocabulary 33000』 시리즈를 다 공부하고 토플에서 고득점을 받는데 막상 only와 just의 차이를 모르는 학생을 만나면 한숨만 나온다. 그래서 나는 수업 시간에 새로운 어휘를 가르쳐 주려고 노력하지 않는다. 이미 알고 있는 단어를 다시 알게 해 주는 수업을 한다. 1만 개, 2만 개의 단어를 머릿속에 집어넣고 있으면서 이런 기본적인 단어의 뜻을 몰라 영어의 자신감을 갖지 못하는, 그런 상태는 이제 좀 극복해도 되지 않을까?

Back to the basics!

1 ONLY vs. JUST

Question

난 너밖에 없어.
You are the <u>only / just</u> one for me.

'오직' 하면 가장 먼저 생각나는 단어는 only일 것이다. 하지만 영어를 배우다 보면 only 대신 just가 나오는 경우가 많이 있다. just 하면 가장 먼저 떠오르는 단어는 '방금', '정확히' 등이다. 이 두 단어가 헷갈리는 이유는 두 단어 모두 상황에 따라서 여러 의미로 해석된다는 것이다. 그중에는 의미가 겹치는 경우도 있다.

only는 '오직, 유일한'이란 뜻이다. "I am the only child."에서 only child는 유일한 아이, 그러니까 '외아들, 외동딸'이란 뜻이다.

예 ▶ David is the only person who can speak French.
불어를 할 줄 아는 사람은 데이비드뿐이다.

only는 '겨우, 단지, 그저'라는 뜻도 있다.

예 ▶ There are only ten people in the class.
반에 겨우 10명밖에 없다.

예 ▶ I only helped a little.
나는 그저 조금 도왔을 뿐이다.

just는 정말 많은 뜻이 있는데 몇 가지만 살펴보자.

예 ▶ I just came home 10 minutes ago.
나 방금 10분 전에 집에 왔어.

예 ▶ This is just what I was looking for.
이게 바로 내가 찾고 있던 거야.

just에도 '겨우, 단지, 그저'라는 뜻이 있다. 그래서 이런 경우에는 only와
바꿔 사용할 수 있다.

예 ▶ There are just ten people in the class.
반에 겨우 10명밖에 없다.

예 ▶ I just helped a little.
나는 그저 조금 도왔을 뿐이다.

Answer

난 너밖에 없어.
You are the <u>only</u> one for me.

너에게 유일한 사람임을 강조하는 문장이므로 only를 쓰는 게 맞다.

"Only two things are infinite, the universe and human stupidity,
and I'm not sure about the former."

이 세상에 영원한 것은 우주와 인간의 어리석음 두 가지밖에 없는데 처음 것은 확실
치 않다.

_알베르트 아인슈타인

2 SO vs. VERY

so와 very를 모르는 사람은 없을 것이다. 두 단어를 '매우'라는 의미로 사용할 경우에는 100퍼센트 동의어다. 바꿔서 사용해도 아무런 문제가 없다.

그런데 기억해야 할 것이 두 가지 있다. 첫 번째, so라는 단어는 구어체이므로 문어체를 써야 하는 경우에는 피해야 한다. 대화를 할 때는 상관이 없지만 글로 표현할 때는 very를 사용하는 것이 좋다. 두 번째, 반드시 '매우'라는 의미일 때만 바꿔 사용해야 한다. 특히 so 같은 경우 상황에 따라서 뜻이 10개도 넘는다. 그렇기 때문에 무조건 very로 바꿔 사용할 수는 없다. 그중 대표적인 몇 가지 예를 보자.

so는 '매우, 아주'라는 뜻으로 노래 가사에도 자주 등장한다.

예 ▶ **You are so beautiful.**
당신은 너무 아름다워요.

두 문장을 이어 주는 접속사 '그래서'라는 뜻으로도 많이 사용한다.

예 ▶ **I was tired, so I took a nap.**
나는 피곤해서 낮잠을 잤다.

'그렇게'라는 뜻으로도 많이 사용한다.

예 ▶ Don't be so stupid.
그렇게 바보같이 굴지 마.

very도 '매우, 아주'라는 뜻만 있는 것이 아니다. 의미를 강조하는 경우 주로 쓰는데 최상급 앞에 very를 붙이면 최고라는 것을 강조하는 것이다.

예 ▶ It's the very best.
최고 중 최고다.

예 ▶ It's the very same thing.
완전히 똑같다.

위 두 경우 당연히 so를 대체해서 사용할 수 없기 때문에 이 의미들도 잘 알아 둘 필요가 있다.

Answer

그는 영화 맨 앞부분에서만 나온다.
He only appears at the <u>very</u> beginning of the movie.

so beginning이란 표현은 없다. beginning은 앞부분이고 very beginning 은 맨 앞부분이 된다.

"It is a fine thing to be honest, but it is also very important to be right."

정직한 것은 좋은 것이지만 옳은 것도 매우 중요하다.

_윈스턴 처칠

3 STRAIGHT vs. DIRECT

(빙빙 돌리지 말고) 나한테 똑바로 대답해.
Answer me <u>straight / directly</u>.

straight와 direct는 다른 단어지만 분위기가 비슷하다. 모두 '곧은, 직선의'라는 의미가 있으며 상황에 따라서 여러 의미로 해석된다.

straight는 '굽거나 휘지 않고 일직선으로 곧바로'라는 뜻이다. "Go straight."라고 하면 꺾지 말고 똑바로 쭉 가라는 뜻이다. 엄마가 "Come straight home after school."이라고 말했다면 학교 끝나고 딴 곳에 들르지 말고 곧장 집으로 오라는 얘기다.

예 ▶ I drove 10 hours straight.
    쉬지 않고 내리 10시간을 운전했다.

straight는 '돌리지 않고 똑바로, 솔직히'라는 뜻으로도 쓰인다. 즉 straight answer는 '솔직한 답'이라는 말이다.

예 ▶ Give me a straight answer.
    솔직히 대답해.

누가 어떤 얘기를 했을 때 "Let me get this straight."라고 말했다면 똑바로 이해하자는 뜻이다. 성적 취향을 얘기할 때 동성애자를 homosexual이라고 하고 이성애자를 heterosexual이라고 한다(homo는 '같다'는 뜻이고 hetero는 '다르다'는 뜻이다). 그런데 일반적인 구어체에서는 이성애자를 straight라고 한다. "I am straight.", "He is straight."라고 말을 하면 동성애자가 아닌 이성애자라는 뜻이다.

direct는 어디를 거치지 않고 '바로, 직접'이라는 뜻이다. "Give it to me directly."는 다른 사람에게 전해서 주는 것이 아니라 네가 나한테 직접 달라는 뜻이 된다. 다른 도시에 경유하지 않고 도착지까지 곧바로 가는 비행기는 direct flight이라고 한다. 직항이라는 뜻이다.

예 ▶ Let me ask you a direct question.
단도직입적으로 묻겠다.

A n s w e r

(빙빙 돌리지 말고) 나한테 똑바로 대답해.
Answer me <u>straight</u>.

이 말은 다른 곳에 가서 말하지 말라는 뜻이 아니라 솔직히 말하라는 의미이기 때문에 정답은 straight다.

"A smile is a curve that sets everything straight."
미소는 모든 것을 바르게 만드는 곡선이다.

---

4 LONELY vs. ALONE

Q u e s t i o n

난 외롭지 않다.
I am not lonely / alone.

alone과 lonely라는 단어는 익숙할 것이다. 〈나홀로 집에(Home alone)〉라는 영화도 있고 바비 빈튼(Bobby Vinton)의 '미스터 론리(Mr. lonely)'라는 추억의 팝송도 있다. 이 두 단어는 'lone'이 들어간다는 공통점이 있긴 하지만 전혀 의미가 다르다.

우선 두 단어의 공통점인 lone은 '단독'이란 뜻이다. alone은 '혼자' 또는 '아무도 없는'이란 뜻이다. 그래서 home alone은 '집에 혼자 있다'라는 뜻이 된다.

예 ▸ I am working alone.
　　혼자 일을 하고 있다.

예 ▸ I live alone.
　　나는 혼자 산다.

예 ▸ We are alone now.
　　우리밖에 없어.

lonely는 '외로운'이란 뜻이다. 혼자라는 느낌에서 오는 외롭고 쓸쓸한 감정인데 여기서 '혼자'라는 것은 alone의 의미가 아니라 모든 것으로부터 떨어져 있는 느낌을 말한다. '미스터 론리'라는 팝송은 바비 빈튼이 베트남 전쟁에 참전했을 때 만든 곡이다. 전쟁터에서 그리운 가족과 고향을 생각하며 외로움과 싸워야 했던 상황을 가사로 전달하고 있다.

예 ▶ I feel lonely every night.
나는 매일 밤 외로움을 느낀다.

이 두 단어가 헷갈릴 때는 이 문장을 기억하자.

예 ▶ Just because I'm alone, doesn't mean I'm lonely.
내가 혼자라고 해서 꼭 외로운 건 아니다.

Answer

난 외롭지 않다.
I am not lonely.

"I am not alone."이라고 하면 "난 혼자 있지 않다."라는 뜻이 된다. 답은 lonely이다.

"Dreams have only one owner at a time. That's why dreamers are lonely."

꿈의 주인은 한 사람씩이다. 그래서 꿈을 꾸는 자들은 외로운 것이다.

_에르마 봄베크(Erma Bombeck, 작가)

5 SILENT vs. QUIET

'고요한 밤, 거룩한 밤'의 영어 제목은 'silent night, holy night'이다. silent 를 '고요한'으로 번역한 것이다. 미국의 천문학자 퍼시벌 로웰(Percival Lowell) 은 우리나라를 '고요한 아침의 나라(The Land of the Morning Calm)'라고도 했다. calm을 '고요한'으로 번역했다. '이른 아침 시간의 고요'라는 말의 원문 을 보니 'the quiet of early morning hours'다. 여기서는 quiet를 '고요'라고 했다.

silent, calm, quiet의 차이는 무엇일까?

silent는 소리가 전혀 나지 않는 침묵 혹은 밤의 적막 등으로 인해서 조용 한 상태를 말한다. 즉 silence는 정말 아무 소리도 나지 않는 적막함, 침묵을 의미한다. 그래서 무성영화를 silent movie라고 한다.

예 ▶ a room silent and deserted.
　　조용하고 사람 기척이 없는 방.

calm은 '침착한, 차분한, 평온한'이란 뜻이다. 소리보다는 분위기와 더 관련 이 있는 단어다. 그래서 한국을 고요한 나라라고 한 것은 소리가 없는 나라가 아니라 평온한 나라라는 뜻이다.

quiet은 '조용하다'의 뜻을 가진 가장 일반적인 단어다. 전혀 소리가 나지 않는 상황을 말하는 것은 아니다. 예를 들어 quiet engine은 소리가 전혀 나지 않는 엔진이 아니라 소리가 작은 엔진이란 뜻이 된다. '아침 시간의 고요'라는 말은 시끄럽지 않은, 조용한 아침이란 뜻이다.

위 예문은 미란다원칙 중 일부다. 미란다원칙이란 피의자가 변호사 선임의 권리와 묵비권 행사의 권리, 모든 발언이 법정에서 불리하게 작용할 수 있다는 것을 피의자(용의자)가 충분히 고지받아야 하며, 이것이 고지되지 않은 상태에서 이루어진 자백은 배제된다는 원칙이다. 이때 묵비권은 the right to remain silent라고 한다.

"When money speaks, the truth is silent."
돈이 말을 하면 진실은 침묵한다.

_러시아 속담

6 EMPTY vs. VACANT

빈 방 있어요?
Do you have <u>an empty / a vacant</u> room?

empty와 vacant는 둘 다 '비어 있다'라는 뜻이다. 하지만 어떻게 비어 있는 것인지에 따라서 의미가 달라진다. 두 단어의 차이는 예문을 보면 빨리 이해할 수 있을 것이다.

empty는 빈 박스같이 공간이 텅 비어 있는 것을 뜻한다. 그러니까 물리적으로 속에 아무것도 없는 것이다.

예 ▶ Empty your trash can.
쓰레기통 좀 비워.

예 ▶ There was nothing in the room. The room was completely empty.
방에 아무것도 없었어. 완전히 텅 비어 있었어.

"Empty your glass."라고 하면 잔을 비우라는 뜻이고 "His glass is empty."는 "그 사람의 잔이 비었다."는 뜻이다. "Empty your pocket."은 주머니를 비워라, 즉 주머니 속에 있는 것들을 꺼내 놓으라는 말이 된다. empty는 추상적으로도 쓰여 '공허하다'라는 뜻도 있다.

예 ▶ I feel empty without you.
난 네가 없으면 공허해.

vacant는 '자리가 비어 있다'라는 뜻이다. 그러니까 호텔에 빈 방을 떠올리면 된다. 여기서 '빈 방'의 의미는 방 안에 아무 물건도 없다는 뜻이 아니라 사용하는 사람이 없어서 사용이 가능하다는 뜻이다.

다른 예를 들어 보자. 회사에서 갑자기 부장님이 사표를 냈다. 그러면 부장이라는 자리는 공석이 된다. 그것이 vacant된 상태다. 그래서 신문에 구인란을 보면 job vacancy나 situations vacant란 표현을 볼 수 있다.

예 ▶ There is a vacant position in my company.
우리 회사에 자리가 있어.

비행기 안에 있는 화장실은 아무도 사용하고 있지 않을 때 보통 vacant라고 불이 들어와 있다. 비어 있으니 사용이 가능하다는 뜻이다.

여행을 가서 방을 구하는 경우 방 안에 아무것도 없고 텅 비어 있는 방을 찾는 것이 아니라 사용이 가능한 방을 찾는 것이기 때문에 답은 vacant다.

"Is the glass half full, or half empty? It depends on whether you're pouring, or drinking."

잔이 반쯤 찬 것일까? 반쯤 빈 것일까? 그건 지금 따르고 있느냐 마시고 있느냐에 따라 달라진다.

빌 코스비(Bill Cosby)

7 ENVY vs. JEALOUS

남자친구가 다른 여자와 다정히 있는 것을 보면 jealous하는 거야, envy하는 거야?

이 두 단어는 원어민들도 헷갈려하고 잘못 사용하는 경우가 많다. 종종 같은 뜻으로 바꿔서 사용하는 경우가 있는데 두 단어는 같은 의미가 아니다. 실수해서 사용하는 이유는 '감정'과 관련된 단어들이기 때문이다. 비슷한 감정은 정확히 구분하기가 쉽지 않다. 기쁨과 슬픔은 구분하기가 쉽지만 내가 느끼는 감정이 jealous인지 envy인지는 언뜻 보면 구분하기가 쉽지 않다.

하지만 사실 jealous와 envy의 감정은 차이가 확실하다.

jealous는 남에게 라이벌 의식을 느끼거나 내가 가지고 있는 것을 빼앗기고 싶지 않은 두려움이 담긴 감정이다. 가장 가까운 우리말은 '질투하다'다.

예 ▶ Are you jealous?
너 질투하니?

예 ▶ No, I'm not jealous.
아니야, 질투 안 해.

envy는 남이 가지고 있는 것이 탐이 날 때 느끼는 감정이다. 그러니까 자신이 가지지 못한 사물이나 능력에 대해 부러워하거나 동경하고 질투하는 의미다. 또한 그런 능력이나 사물, 외모 등을 가지기를 소망한다는 뉘앙스를 가지

고 있다. 한국말에 딱 맞는 표현은 없지만 '부럽다'에 가깝다. 하지만 evny는
부정정인 감정이다.

예 ▶ I envy Kim Tae-Hee.
　　나는 김태희가 부러워.

예 ▶ I am envious of her success.
　　나는 그녀의 성공이 부럽다.

간단히 정리하면 jealous는 '사람'에 대한 감정이고, envy는 '나에게 없는
어떤 것'에 대한 감정이다.

내 남자친구하고 있는 그 여자에게 질투심을 느끼는 것이기 때문에 정답은
jealous다.

"The gods envy us. They envy us because we're mortal."

신들은 우리를 부러워한다. 그들은 우리가 죽을 수밖에 없는 존재이기 때문에 부러워
하는 것이다.

_영화 〈트로이〉에서 아킬레우스의 대사

8 FARTHER vs. FURTHER

얼마나 더 읽어야 돼?
How much <u>farther / further</u> do I have to read?

farther와 further 역시 아주 비슷하지만 스펠링 하나 차이로 의미가 달라지는 단어다. 특히 farther와 further는 너무 비슷해서 원어민들도 많이 헷갈려 한다. 그래서 자주 실수를 범하는 만큼 확실히 알아 둘 필요가 있다.

헷갈리는 이유는 둘 다 '더 멀리'라는 뜻이기 때문이다. 차이는 '물리적인 거리'와 '추상적인 거리'다. 조금 더 자세히 설명을 하자면 farther는 물리적인 거리를 말할 때 사용한다. 예를 들어 차를 타고 여행을 가는데 도착지까지 얼마나 더 가야 하냐고 묻는 상황에서는 farther를 써야 한다.

예 ▸ How much farther do we have to go?
얼마나 더 (멀리) 가야 하는 거야?

반면 further는 추상적인 거리를 말한다. 이것이 무슨 말인가 하면, 뭔가를 설명하고 있는데 누가 자꾸 말을 자르고 끼어들 때 내 얘기를 더 들으라고 말하는 상황에서는 further를 사용해야 한다.

예 ▸ Hold on and listen further.
가만히 얘기 좀 더 들어 봐.

그러니까 farther는 실질적인 거리를 말하는 것이고 further는 추상적인 의미인 것이다. 사실 우리에게는 이 차이가 그렇게 어렵지 않다. 왜냐하면 한국말에도 똑같은 차이를 가진 단어가 있기 때문이다. 대표적인 단어가 '쫓다'와 '좇다'다. '쫓다'는 물리적으로 '추격하는' 상황일 때 사용하는 표현이고 '좇다'는 꿈이나 목표를 '추구하는' 것을 뜻한다. 그러니까 '쫓다'는 물리적인 것이고 '좇다'는 추상적인 표현인 것과 같이 farther와 further도 그렇게 이해하면 된다.

그런데 솔직히 말하면 이 두 단어를 무분별하게 바꿔서 사용하는 경우가 너무 많아서 이제는 거의 동의어로 받아들이는 상태까지 왔다. 문제는 further에는 '더 멀리'라는 뜻 외에 '그 외에도'라는 의미로 사용되는 경우가 있는데, 그런 경우에는 farther로 바꿔 쓸 수 없다.

예 ▶ I think we are lost. Further, we are low on gas.
길을 잃은 것 같아. 그것뿐만 아니라 기름도 거의 떨어졌어.

A n s w e r

얼마나 더 읽어야 돼?
How much <u>further</u> do I have to read?

책을 더 읽는 것은 추상적인 의미이므로 답은 further가 된다.

"A dwarf standing on the shoulders of a giant may see farther than a giant himself."

거인 어깨 위에 서 있는 난장이는 거인보다 더 멀리 볼 수 있다.

_로버트 버튼(Robert Burton, 영국학자)

---

9 FAST vs. QUICK

Q u e s t i o n

우사인 볼트는 세계에서 가장 빠른 사나이다.
Usain Bolt is the <u>fastest / quickest</u> man in the world.

fast와 quick은 둘 다 '빠르다'라는 뜻이다. 그리고 두 단어를 교체해서 사용해도 상관없는 경우가 많이 있다. 중국집에 배달을 시켰는데 5분도 안 돼서 음식이 도착했다면 "That was fast!"나 "That was quick!" 모두 가능하다. 둘 다 맞는 문장이다.

하지만 조금 어색한 경우도 있다. 빠른 자동차나 기차를 말할 때 'a fast car', 'a fast train'이라고 말을 하지 'a quick car', 'a quick train'이라고 말하지는 않는다. 또 fast food라고 하지 quick food라고는 하지 않는다.

다른 예로 답장이 빨리 왔을 때는 fast reply가 아니라 quick reply라고 해야 한다. "짧게 빨리 질문할게요."는 "I have a quick question."이지 "I have a fast question."이 아니다.

그러면 거의 비슷하면서도 조금 다른 차이점이 무엇일까?

fast는 '속도'에 초점이 맞추어져 있다고 생각을 하면 된다. 자동차나 기차 등 움직이는 것들은 속도가 빠른 것이다.

quick은 '시간'에 초점이 맞추어져 있다. prompt라는 단어와 연관지어서 '신속'이라는 개념이 있다.

그래서 fast와 quick이 겹치는 상황이 많이 있는 것인데 자동차를 얘기할 때 '속도'가 빠르다고 하지 '신속하다'고 말을 하지 않는다. 그리고 이메일 답장을 보내는 상황에서 답장을 빨리 보내 준다는 말은 '신속'하게 보낸다는 의미이기 때문에 quick이 되는 것이다.

예 ▶ Superman is faster than a bullet.
슈퍼맨은 총알보다 빠르다.

예 ▶ We have to make a quick decision.
우리는 빠른(신속한) 결정을 내려야 해.

Answer

우사인 볼트는 세계에서 가장 빠른 사나이이다.
Usain Bolt is the <u>fastest</u> man in the world.

우사인 볼트는 달리는 '속도'가 빠르다는 말이기 때문에 답은 fastest가 된다.

"Man is too quick at forming conclusions."
사람들은 너무 빨리 결론을 짓는다.

_에드워드 버나드(Edward Barnard, 천문학자)

10 FAT vs. PLUMP

fat은 설명을 안 해도 잘 알고 있듯이 '뚱뚱한, 살진'이란 뜻이다. 명사로 쓰일 때는 '지방', '비계'로 해석된다. 한국인이든 외국인이든 '뚱뚱하다'라는 말을 좋아할 사람들은 거의 없기 때문에 주의해서 사용해야 한다.

예 ▶ **Donna thinks she is fat, and she only weighs 45kg.**
도나는 자신이 뚱뚱하다고 생각하는데 몸무게가 45킬로그램밖에 안 된다!

예 ▶ **She is not pregnant. She is just fat!**
그녀는 임신한 게 아니야. 그냥 뚱뚱한 거야!

slim chance는 '성공 확률이 낮은 기회'라는 뜻인데 fat chance라는 표현도 있다. 재미있는 것은 slim chance의 반대말이 아니라 같은 뜻이라는 것이다.

예 ▶ **He has a fat chance of winning the game.**
그가 경기를 이길 확률은 아주 낮다.

plump는 동글동글하고 포동포동하다는 뜻이다. 같은 의미로 chubby라는 단어도 있다.

예 ▶ **She is a bit plump(=chubby).**
그녀는 조금 통통한 편이다.

예 ▶ He has a plump(=chubby) face.
그는 얼굴이 통통하다.

plump는 '털썩 떨어지다'라는 뜻으로도 많이 사용된다.

예 ▶ He plumped into the chair.
그는 의자에 털썩 앉았다.

몸매와 관련된 표현으로 overweight도 자주 사용되며 '과체중'이라는 뜻
이다. 조금 더 형식을 갖춘 단어로 obese는 '비만'이라는 뜻이다.

예 ▶ I've always been overweight.
나는 항상 과체중이었다.

예 ▶ Obese people tend to have higher blood pressure than lean
people.
비만인 사람들은 날씬한 사람들에 비해 혈압이 높은 편이다.

A n s w e r

나는 통통한 남자가 좋아.
I like <u>plump</u> men.

"The older you get, the tougher it is to lose weight, because by
then, your body and your fat are really good friends."

나이가 들수록 살 빼기가 힘들어진다. 왜냐하면 그때쯤 되면 내 몸과 몸속에 있는 지
방이 서로 아주 친한 친구가 되기 때문이다.

11 GOOD vs. WELL

이 쿠키들 냄새가 좋다.
These cookies smell <u>good / well</u>.

이 책에서는 될 수 있으면 지루하고 복잡한 문법 설명은 피하려고 한다. 그런데 이번에는 어쩔 수 없이 문법 설명을 할 수밖에 없겠다. 아주 간단하고 쉽게 설명할 것이니 너무 겁먹지는 말도록.

good과 well은 뜻이 비슷하지만 바꿔서 사용할 수 없다. 그래서 언제 어떤 단어를 사용해야 하는지 헷갈리는 경우가 많은데 법칙만 알면 간단하다.

good은 형용사다. 형용사는 명사를 수식한다.

예 ▶ John is a good singer.
존은 훌륭한 가수야. → good은 singer를 수식한다.

예 ▶ Inho speaks good English.
인호는 영어를 잘한다. → good은 English를 수식한다.

well은 부사다. 부사는 동사, 형용사 그리고 다른 부사를 수식한다.

예 ▶ John sings well.
존은 노래를 잘한다. → well은 sings를 수식한다.

이렇게 문법적인 차이가 있기 때문에 같은 말이라고 해도 어떻게 말을 하느냐에 따라서 good을 쓸 수도 있고 well을 쓸 수도 있는 것이다. 이것만 기억하고 있어도 큰 문제는 없는데 항상 예외가 있다. good은 지각동사, 즉 감각과 관련된 touch, feel, look, hear, smell 등의 동사 뒤에 사용할 수 있다는 것만 기억해 두면 된다.

Answer

이 쿠키들 냄새가 좋다.
These cookies smell <u>good</u>.

smell은 지각동사다. 그래서 good이 정답이다. 이 문장에 well을 넣어서 "These cookies smell well."이라고 하면 "이 쿠키들은 냄새를 잘 맞는다."라는 말이 돼 버린다.

"If you can't explain it simply, you don't understand it well enough."
쉽게 설명을 할 수 없다면 잘 이해하지 못했다는 뜻이다.

_알베르트 아인슈타인

12 LATER vs. LATTER

두 개 중에 뒤에 걸로 주세요.
I will take the later / latter of the two.

영어에는 비슷한 단어인데 스펠링 하나 차이로 뜻이 조금 달라지는 단어들이 많이 있다. 비슷하지만 어떻게 다른지를 잘 알아야 실수 없이 사용할 수 있다.

later는 잘 알고 있는 단어일 것이다. "See you later."같이 헤어질 때 하는 인사말로 많이 접했을 것이고 〈28일 후(28 Days Later)〉처럼 영화 제목에서 봤을 수도 있다. 잘 알듯이 later는 '나중에, 후에'라는 뜻으로 시간을 나타내는 단어다. 그러니까 "See you later."는 "나중에 봐."라는 뜻이고 〈28 Days Later〉는 〈28일 후〉라는 뜻이 된다.

latter는 '나중, 후자'라는 뜻으로 두 가지 중에 나중 것을 말한다. 순서를 갖고 있는 표현이다. 그러니까 1번이 자장면이고 2번이 짬뽕이면 짬뽕이 latter가 되는 것이다. 보통 두 가지를 놓고 선택할 때 사용한다.

두 단어가 헷갈릴 때는 반대말을 보면 조금 더 확실해진다. later의 뜻이 '나중'이니까 반대말은 '먼저', 즉 earlier가 된다. latter의 뜻이 '후자, 나중 것'이니까 반대말은 '전자, 먼저 것', 즉 former가 된다.

예 ▶ She came back a year later.
　　 그녀는 1년 후에 돌아왔다.

예 ▶ I'm busy right now. I will call you back later.
나 지금 바빠. 내가 나중에 전화할게.

예 ▶ A : Would you like to drink coffee or tea?
　　 B : I will have the latter.

A : 커피 마실래, 차 마실래?
B : 뒤에 걸로 줘(차를 마신다는 뜻).

예 ▶ The latter part of the meeting was very boring.
미팅 후반부는 아주 지루했다.

A n s w e r

두 개 중에 뒤에 걸로 주세요.
I will take the latter of the two.

두 개 중에 하나를 고르는 상황에서 후자를 고르는 경우에는 latter라고 해야 한다.

"If the world comes to an end, I want to be in Cincinnati.
Everything comes there ten years later.

만일 지구의 종말이 온다면 난 신시내티에 있고 싶다. 그곳은 모든 것이 10년 뒤에나 찾아온다.

_마크 트웨인

---

13 PICKY vs. DEMANDING

그 여자 입맛 참 까다롭네!
She is so picky / demanding!

어휘라는 것은 쓰는 사람이 어떤 의도를 가지고 쓰느냐에 따라 달라지는 경우가 많기 때문에 '반드시 이렇다'고 콕 집어서 말하기에는 무리가 있다.

여기에서는 몇 가지의 예문들을 가지고 기본 차이를 느껴 보는 것이지 그 차이가 절대적인 것은 아니다. 실제 영어에서 어휘의 차이는 말하는 사람이 어떤 의도를 가지고 어떻게 녹여서 쓰느냐의 문제인 것이다.

영어에는 '까다롭다'라는 뜻을 가진 단어가 많다. picky, demanding, difficult 등이 있는데 상황에 따라 의미가 조금씩 달라진다.

예를 들면 수학 문제에서 까다로운 문제가 나왔을 경우에는 '문제가 어렵다'는 의미이기 때문에 difficult를 쓸 수 있다.

예 ▶ Question number 5 is a little difficult.
5번 문제가 좀 까다로워(어려워).

하지만 '성격이 까다로운' 경우는 전혀 다른 케이스다. 성격이 어떻게 까다롭냐에 따라서 단어들이 바뀐다. 일반적으로는 'picky'를 쓰는데 '고르다, 선택하다'의 뜻인 pick에서 나온 말이다. 그만큼 고르고 선택하는 데 있어서 까다롭다는 뜻이다. 다른 말로 하면 '성격이 깐깐하다'고 할 수 있다.

너무 요구사항이 많아서 까다로운 경우에는 demanding이라고 표현하고 사람 자체가 어려운 경우에는 difficult라고 말한다.

"He is picky.", "He is demanding.", "He is difficult." 모두 "그는 성격이 까다롭다."라고 번역할 수 있기 때문에 그만큼 상황이 중요하다.

입맛이 까다롭다는 말은 그만큼 음식을 고르는 데 있어서 까다롭다는 말이다. 그렇게 때문에 정답은 picky다. 입맛이 까다로운 사람을 picky eater라고 부른다.

"I know. It's hard to believe a fat guy would be picky."
나도 안다. 뚱뚱한 남자가 까칠하다는 사실을 믿기 힘들 것이다.

_마이크 고프(Mike Goff, 미식축구 선수로 자신의 까다로운 성격을 우스갯소리로 한 말)

14 SHY vs. SHAME

내가 네 친구라는 것이 창피하다.
I am <u>shy / ashamed</u> to be your friend.

shy와 shame 역시 많이 헷갈려 하는 단어다. 앞에서 '약속'이란 단어를 다룰 때 잠깐 설명을 했듯이 비슷한 단어들을 가지고 실수하는 이유는 직역을 하기 때문이다. 언뜻 보면 같은 단어처럼 보이지만 의미가 전혀 다르다. 그래서 속에 있는 의미를 정확히 파악해야 한다.

두 단어 모두 '창피하다'라는 뜻을 가지고 있다. 하지만 창피하다고 해서 다 같은 창피가 아니다. 어떻게 창피한 것인지에 따라 상황에 어울리는 단어를 써야 한다.

shy는 성격에 관련된 것이다. 어떤 사람이 shy하다는 것은 수줍음을 타고 많이 부끄러워하는 성격을 가졌다는 것을 말한다.

"Don't be shy."라고 하면 "창피해하지 말라."는 뜻인데 다른 말로 하면 "수줍어하지 말라."는 것이다.

예 ▶ I was very shy when I was young.
나는 어렸을 때 수줍음을 많이 탔다.

shame은 수치를 느껴 창피하다는 뜻이다. 부끄러움을 타는 것이 아니라 떳떳하지 못한 행동으로 수치심 때문에 창피함을 느낀다는 말이다.

창피하다고 해서 무조건 shy나 shame을 갖다 쓸 게 아니라 어떻게 창피한 건지를 따져 보고 거기에 맞는 단어를 사용해야 한다.

예 ▶ You should be ashamed of yourself.
= Shame on you.
부끄러운 줄 알아라.

관용어로 "What a shame!" 같은 표현도 있는데 이 말은 "유감이다." 정도의 뜻이다. 예를 들면 꼭 가고 싶었던 콘서트가 있었는데 시간이 안 맞아서 못 가게 되었을 때 "What a shame!"이라고 쓸 수 있다.

Answer

내가 네 친구라는 것이 창피하다.
I am ashamed to be your friend.

친구가 큰 잘못을 하고도 전혀 반성을 하지 않는 상황에서 나올 수 있는 말이다. 여기서 창피는 수치스럽다는 뜻이 된다. 그래서 답은 ashamed다 (ashame은 shame의 형용사 형태다).

"There is no shame in not knowing ; the shame lies in not finding out."
모르는 것은 창피한 것이 아니다. 알려 하지 않는 것이 창피한 것이다.

_러시아 속담

15 SICK vs. HURT

아프냐? 나도 아프다!
Are you hurt / sick? I'm hurt / sick, too.

이 말은 몇 년 전 화제가 됐던 드라마 〈다모〉의 명대사다. '아프다'는 뜻의 영어 단어로는 sick도 생각나고 hurt라는 단어도 떠오른다. 우리말에도 어디가 어떻게 아프냐에 따라서 쑤시다, 쓰라리다, 뻐근하다 등 여러 가지 표현이 있듯이 영어에도 증상에 따라서 sick, hurt, painful, ache 등 여러 표현을 쓴다. sick은 일반적으로 병이 들어서 아픈 경우에 사용한다. 신체적으로 아픈 상황에 많이 쓰지만 정신적으로 아픈 경우에도 사용한다.

예 ▶ **My grandfather is very sick.**
할아버지가 많이 아프셔.

예 ▶ **My heart is sick and sad.**
마음이 아프고 슬퍼. → 심장에 이상이 있다는 얘기가 아님.

hurt는 '다치다, 상처를 입다'라는 뜻이다.

예 ▶ **Don't touch my left arm. It hurts.**
내 왼팔 건드리지 마. 아파.

예 ▶ **I didn't mean to hurt your feelings.**
네 감정을 상하게 (마음을 아프게) 하려고 했던 건 아니야.

painful은 '고통스럽다'는 뜻이다.

예 ▶ Sometimes the treatment is painful.
가끔 치료가 고통스럽다.

sore은 주로 염증이 생겨서 아프거나 근육통으로 몸이 쑤실 때 사용한다.

예 ▶ I have a sore throat.
목이 아파. → neck이 아니라 인후가 아프나는 필.

예 ▶ My shoulders sore.
어깨가 쑤신다.

ache도 통증을 느낄 때, 특히 특정부위가 아플 때 합성어로 많이 사용한다.

예 ▶ My whole body aches!
온몸이 쑤셔!

복통은 stomachache, 치통은 toothache, 두통은 headache다.

Answer

아프나? 나도 아프다!
Are you <u>hurt</u>? I'm <u>hurt</u>, too.

마음이 아플 때는 hurt가 맞다.

"Car sickness is the feeling you get when the monthly payment is due."
차멀미란 자동차 할부금을 내야 할 날이 다가올 때 드는 느낌이다.

16 THIN vs. SLIM

어떻게 그렇게 날씬한 몸매를 유지할 수 있죠?
How do you stay thin / slim?

thin과 slim은 여자들이 아주 좋아하는 단어들이다. 상황에 따라서 다른 의미로 사용될 수 있지만 주로 몸매를 말할 때 쓴다.

thin은 '얇다, 가늘다'라는 뜻인데 몸매를 말할 때는 말랐다는 뜻이 된다. 많은 여성들이 마른 몸매를 원하는데 thin은 기준치보다 덜 나가는 느낌이다.

예 ▶ Ice is thin, so don't walk on it.
얼음이 얇으니까 그 위로 걷지 마.

예 ▶ The book is thin.
책이 얇다. → 페이지 수가 많지 않다는 뜻.

예 ▶ She was tall and thin.
그녀는 키가 크고 말랐다.

slim도 '얇다'라는 뜻이 있는데 몸매를 말할 때는 '날씬한'이란 뜻이다. 그러니까 thin은 slim보다 더 마른 것이다.

예 ▶ She was tall and slim.
그녀는 키가 크고 날씬했다.

slim chance라는 표현이 있는데 성공 확률이 낮은 경우를 뜻한다.

예 ▶ We have a slim chance of winning.
우리가 이길 확률은 아주 낮다.

slim down은 '살을 빼다'라는 숙어다.

예 ▶ My doctor told me to slim down.
의사가 나보고 살 빼래.

참고로 몸매를 얘기할 때 skinny는 thin보다 더 마른 상태를 말한다. 정말 깡말랐다는 뜻이다.

A n s w e r

어떻게 그렇게 날씬한 몸매를 유지할 수 있죠?
How do you stay slim?

thin이 부정적인 표현은 아니지만 말랐다라는 말보다는 날씬하다라는 말이 더 듣기 좋은 표현이다. 정답은 slim이다.

"I found there was only one way to look thin, hang out with fat people."

내가 말라 보일 수 있는 유일한 방법을 알아냈다. 뚱뚱한 사람들이랑 다니면 된다.

_로드니 데인저필드(Rodney Dangerfield, 미국 코미디언)

17 UPSET vs. ANGRY

영어를 배울 때 추상적인 단어를 이해하는 것이 참 힘들다. 눈에 보이는 사물은 쉽게 이해할 수 있지만 어떤 특정 단어를 가지고 개념을 이해하는 것은 생각보다 쉽지 않다. 감정에 관련된 단어들이 특히 더 그렇다. angry와 upset 역시 헷갈리는 경우가 많다. 둘 다 비슷한 감정인 것 같아서 이 두 단어를 구분 없이 사용하는 경우가 있는데 사실은 같은 감정이 아니다.

angry는 잘 알 듯이 '화나다'라는 뜻으로, 노여움과 분노로 달아오르는 것이다. 보통 누군가의 부정적인 행위에 대한 감정을 나타낼 때 사용한다. 그래서 angry라는 감정은 보통 특정 대상이 있다.

그러면 upset은 angry와 어떻게 다를까? upset의 사전적인 의미는 '정신적으로 혼란을 주는 것'이다. 그러니까 어떤 부정적인 상황에 대한 아주 감정적인 반응을 뜻한다. 추상적인 단어들은 100퍼센트 같은 단어를 찾기가 쉽지 않은데 사전에는 '마음이 상하다, 속상하다' 정도로 나와 있다.

옷에 주스를 흘렸을 때는 어떤 감정일까? 물론 조심스럽지 못한 자신에게 분노하는 것보다는 속이 상한 것에 가까울 것이다. 운전 중에 다른 차가 확 끼어들어서 급정거를 해야 했다면? 화가 날 것이다. 그래서 그런 경우는

angry다. 키우던 강아지가 하늘나라로 가게 됐을 때 물론 많이 슬프겠지만 이 두 단어만 놓고 보면 upset에 더 가깝다.

감정은 무 자르듯 구분하기가 쉽지 않지만 적어도 angry와 upset은 분명히 차이가 있다.

가게에서 아이스크림을 막 사가지고 나왔는데 갑자기 바람이 불면서 아이스크림이 땅에 떨어졌다면? 바람한테 화를 낼 수는 없으니 이 경우는 upset이 맞다. 하지만 누가 나를 쳐서 아이스크림이 땅에 떨어졌다면 원인을 제공한 당사자가 있기 때문에 답은 angry가 된다.

"A man that does not know how to be angry does not know how to be good."

화를 내는 법을 모르는 사람은 좋게 되는 법도 모르는 사람이다.

_헨리 비처(Henry Beecher, 정치인)

제5장
기타 품사 편

전치사는 34개만 알면 된다

대학을 다닐 때 교수님들은 학생들이 자기 수업만 듣는 걸로 착각하시는 게 아닐까 싶은 느낌을 종종 받았다. 모두 당신들의 과목이 중요하다고 생각하셨기 때문일 것이다. 마찬가지로 영어 공부를 하다 보면 이것도 중요하고 저것도 중요하다고 떠들어 대서 중요하지 않은 게 없는 것처럼 느껴질 때가 많다. 부담은 백배로 늘고 나중에는 별 감흥도 없어지고 말이다.

하지만 미안하게도 다시 한 번 강조하지만, 전치사는 영어에서 매우 중요하다. 왜? 우리말에 없는 것이기 때문이다. 우리말에 없는 전치사나 관계사는 당연히 어렵고 낯설 수밖에 없어서 실수를 하기 쉽다. 그래도 관계사는 대화를 할 때는 피하면서 말할 수 있지만 전치사는 피할 길도 없다.

다행인 것은 영어에서 주로 쓰이는 전치사가 몇 개 되지 않는다는 것이다. 34개 정도의 전치사를 집중적으로 사용하는데, 원어민들도 헷갈리는 경우가 많으니 기본적인 용법에만 충실하게 쉬운 영어를 구사하면 된다. 다행히도 전치사의 경우 의미나 용례가 생겨난 발상의 뿌리를 이해하면 난해한 용법은 그리 많지 않다.

전치사로 뉘앙스를 먼저 파악해야 한다

전치사가 어려워지는 이유는 단순하게 암기하려고 하기 때문이다. '점'에는 at, '넓은 장소'는 in, '위'는 on이라는 식으로 설명한 교재들을 보며 공부하면 이런 문제가 생긴다. 그래서 구체적인 용례를 익혀 가며 뉘앙스나 의미를 정확히 이해하는 게 필요하다.

"I bought it at that store(그 가게에서 샀어)."의 store는 매우 크고, "I find it in the drawer(그 서랍에서 찾았어)."의 drawer는 아주 작다. 동작이 발생하는 '장소'의 개념에는 at을 사용하고, '독립된 공간, 정지된 상태'에서는 in을 쓴다. 그러므로 힐튼 호텔 301호실에서 모임을 갖는다면 in the room 301 또는 at the Hilton Hotel이 되는 것이나. 장소의 크기와는 전혀 무관하다!

조동사와 대명사는 기본만 알면 OK

조동사의 경우는 뉘앙스가 전부라고 할 수 있다. 하지만 'would have p.p.', 'could have p.p.', 'should have p.p.'와 같은 기본적인 표현의 뉘앙스도 모르는 사람들을 자주 본다. 순서대로 '하려고 했었(지만 못했)다', '할 수 있었(는데 못했)다', '해야 했었(는데 안 하거나 못했)다'는 뜻이다. 도식화시켜서 문법적으로만 공부하면 몸에 절대로 안 익는다. 이런 표현을 쓰는 상황을 떠올리고 뉘앙스를 익히려고 하는 게 최선이다.

대명사 공부는 그리 어렵지 않다. 영어가 '반복'을 피하려고 한다는 것만 알면 된다. 다만 반복을 피하기 위해 대명사를 쓰는데 '무엇을 어떻게' 지칭하는 것인지 주의하면 된다. 예를 들어 상대방이 마시는 커피 잔을 가리키며 '그 커피'를 조금 나누어 먹자고 할 때는 it을 사용하고, 자기도 같은 종류의 커피 한 잔을 달라고 할 때는 one을 쓴다. 이런 사소한 것만 주의하면 되는데 그걸 틀리면 매우 당황스러운 일이 벌어진다. 나도 한 잔 달라는 뜻으로 "I want it, too."라고 하면 "내가 마시는 걸 달라고? 너도 한 잔 타 먹으면 되잖아. 너 성격 이상하다."가 되어 버린다.

해보면
압니다.

1 ANYONE vs. ANY ONE

any one같이 한 단어가 두 단어로 나누어진 단어들이 여러 개 있다. sometime과 some time, everyday와 every day 등이 그렇다. 그런데 이런 단어들을 단지 스펠링 차이만 있고 뜻은 같다고 생각하는 사람들이 많다. 그런 줄만 알고 그냥 사용하면 실수를 하게 된다.

우선 쉬운 것부터 보자.

anyone은 불특정한 사람을 가리킬 때 사용하는 단어다. 따라서 사람에게만 쓰이고 항상 한 단어로 사용한다.

예 ▶ Has anyone seen my cell phone?
누가 내 핸드폰 못 봤어?

예 ▶ I will not tell anyone.
아무에게도 말 안 할게.

예 ▶ Do you know anyone in Japan?
일본에 아는 사람 있어?

any one은 전체 중에 하나라는 의미로 사람이 될 수도 있고 물건이 될 수도 있다. 초점은 어느 그룹 중 하나라는 것에 있다.

예 ▶ You can take any one of these cars.
이 차들 중에 아무거나 하나 가져가도 돼.

예 ▶ I will give you a 50percent discount on any one book.
아무 책이나 한 권 50퍼센트 할인해 줄게.

예 ▶ You can ask any one person to help you.
넌 아무나 한 사람에게만 도움을 요청할 수 있어.

A n s w e r

내 차 갖고 싶은 사람 있어?
Does <u>anyone</u> want to have my car?

이 질문은 어떤 한 사람에게 묻는 것이 아니라 '아무나'에게 향한 질문이다.
그래서 답은 anyone이다.

"Anyone who has never made a mistake has never tried anything new."

실수를 안 해 본 사람은 새로운 것을 한 번도 시도해 보지 않은 사람이다.

알베르트 아인슈타인

---

2 ANYONE vs. SOMEONE

중학교 때 any와 some은 '어떤'의 뜻이며 any는 부정문과 의문문에 사용되고 some은 주로 긍정문에 사용된다고 배웠던 기억이 있다. 그렇다면 어쨌든 둘 다 '어떤'으로 해석되니까 any friend나 some friend나 둘 다 '어떤 친구'라는 말일까? 아니다. any friend는 '아무 친구'를 말하고 some friends는 '친구 몇 명'을 말한다.

any는 불특정의 의미로 '아무나, 아무거나'라는 뜻이고 some은 '일부, 몇 명 혹은 특정 사람이나 사물'에 사용한다. 즉 anyone이라고 하면 '아무나'라는 말이 되지만 someone이라고 하면 '특정한 사람'을 지칭한다.

예 ▶ Is there anyone in the office on Sunday?
　　일요일에 사무실에 누구 있어?

예 ▶ Someone is ringing the bell.
　　누가 벨을 누르고 있어.

아무나 벨을 누르고 있는 것이 아니라 누군지는 모르지만 어떤 특정 사람을 말하는 것이다. 밖에 '누군가 찾아왔다'고 말을 하지 '아무나 찾아왔다'고 말하지 않는 것과 같다.

예 ▶ Someone is outside.
누가(누군가가) 밖에 있다.

예 ▶ Anyone can take these pens.
아무나 이 펜들 가져가도 돼.

anyone한테 준다고 하면 아무한테나 준다는 뜻이다. 특별한 누군가에게 주는 것이니 someone을 써야 한다.

"Love is like a virus. It can happen to anyone at any time."
사랑은 바이러스와 같다. 아무에게 아무 때나 일어날 수 있다.

3 EACH vs. EVERY

학생들은 각각 5권의 책을 받는다.
Each / Every student receives five books.

Every breath you take. Every move you make.

Every bond you break. Every step you take.

I'll be watching you.

거의 30년이 지난 노래지만 아직도 최고의 곡으로 꼽히고 있는 스팅(Sting)의 'Every Breath You Take'란 곡의 가사다. every는 노래에도 많이 등장해 익숙한데 each와 놓고 보면 헷갈릴 때가 있다. 같은 의미로 사용되는 경우도 있고 그렇지 않은 경우도 있는데 단어에 맞추어져 있는 초점이 달라서 그렇다.

each는 '각각'이란 뜻이고, every는 all, 즉 '모두, 전체'란 뜻이다. 그런데 every는 빈도를 나타낼 때에는 '매'라는 뜻으로 사용되기 때문에 사람들이 헷갈려 한다.

예 ▶ I go to England each year.
= I go to england every year.
나는 매해 영국에 간다.

이런 식으로는 두 단어가 같은 의미로 사용된다. 하지만 일반적인 경우에는 뜻이 조금 다르다. each는 각각, 그러니까 하나하나에 초점이 맞추어져 있다. 예를 들면 10명의 학생이 있는데 "Each student received an award." 라고 하면 결과적으로는 10명 학생 모두 상을 받은 것이다. 하지만 each라는 단어를 사용해서 학생 한 명 한 명이 상을 받았다는 것에 초점이 맞추어져 있는 것이다.

반면 every는 사람이나 물건들을 말할 때 하나를 가리키는 말이지만, 그 하나가 큰 그룹에 속해 있다는 의미가 있다.

예 ▶ Every student greeted the teacher.
학생들 모두 선생님께 인사를 했다.

물론 학생 한 명 한 명 모두 인사를 한 것이지만 학생들 모두 인사를 했다는 것에 문장의 초점이 맞춰져 있다.

Answer

학생들은 각각 5권의 책을 받는다.
Each student receives five books.

학생들 한 명 한 명 5권의 책을 받는다는 의미가 크기 때문에 답은 each가 된다.

"Each nation feels superior to other nations. That breeds patriotism and wars."
각 나라들은 다른 나라들보다 더 낫다고 생각한다. 그것이 애국심과 전쟁을 부른다.

_네일 카네기(Dale Carnegie)

---

4 FOR vs. DURING

for하고 during은 어떻게 다른 거지? 학교에서 배운 기억으로는 일단 for 다음에는 기간이 나오고 during은 'during + the 기간' 뭐 이런 식으로 배웠던 것 같은데……. 그냥 the만 붙이면 되는 건가?

이렇게 생각해 보자. for는 그 기간 동안의 지속성을 강조하고, during은 그 기간 동안의 특정 사건이나 상황의 발생을 강조한다.

for는 일정 기간 내내 동작이나 상황이 계속 지속되는 일을 말할 때 사용한다.

예 ▶ We have been talking for one hour.
우리 1시간 동안 (계속) 얘기하고 있어.

during은 특정 기간 동안 어떤 일이나 상황이 한 번 또는 여러 번 발생하는 것을 의미한다.

예 ▶ I will visit you during the holiday.
휴가 때 방문할게. → 휴가 기간 동안 한 번 방문한다는 뜻.

그럼 여기서 문제! 그는 전쟁 중에 죽었다라고 할 때 for를 써야 할까, during을 써야 할까?

He died for / during the war.

전쟁 기간 동안 내내 지속적으로 죽을 수는 없지 않은가? 그래서 during이 라고 해야 한다.

> 그는 그녀를 지난 10년 동안 사랑했어요.
> He has loved her for the last ten years.

10년 동안 쭉 사랑했다는 것이므로 for를 써야 한다.

"I think everyone should experience defeat at least once during their career. You learn a lot from it."

사람들은 최소 한 번은 실패를 경험해 봐야 한다고 생각한다. 그것을 통해서 많은 것을 배우게 된다.

_루 홀츠(Lou Holtz, 미식축구 감독)

5 BESIDE vs. BESIDES

언젠가 영화 〈미술관 옆 동물원〉에 대한 기사를 읽은 적이 있었는데 영화의 영문 제목이 〈Art Museum By The Zoo〉였다. 이는 잘못된 번역이다. Art Museum By The Zoo라고 하면 '동물원 옆 미술관'이 된다.

방향을 가리키는 전치사 중에 대표적인 것들을 보면 앞은 in front of, 뒤는 behind이며 beside는 next to, by와 같은 뜻으로 '옆에'라는 뜻이다.

예 ▶ I don't want to sit beside Tom.
난 톰 옆에 앉기 싫어.

예 ▶ The trash can is beside the table.
테이블 옆에 쓰레기통이 있어.

beside와 아주 비슷한 besides라는 단어가 있다. 그래서 가끔 이 두 단어를 헷갈리기도 한다. besides는 '그 외에, 또한'이란 뜻이다.

예 ▶ What are you studying besides English?
영어 외에 또 뭐 배워?

예 ▶ Who went outside today besides Mark?
마크 외에 오늘 밖에 나간 사람 누구야?

예문에서 볼 수 있듯이 두 단어는 전혀 다른 의미를 가지고 있다. 문제는 besides 대신 beside를 사용하는 경우를 자주 볼 수 있다는 것이다. 그래서 두 단어가 같은 뜻인 줄 알고 바꿔서 사용하는 사람들이 많이 있다. 결론부터 말하면, 반은 되고 반은 안 된다. 아주 오래전에 besides 대신 beside를 사용해도 됐던 적이 있었다. 그러다가 18세기 말에 학자들이 각각 다른 의미로 나누어 사용하기로 했다고 한다. 그런데 아직까지도 완전히 바뀌지 못했다. 그래서 besides 대신 beside를 사용해도 다들 이해는 하지만 헷갈리니까 웬만하면 사용하지 않는 것이 좋겠다. 더 큰 문제는 사람들이 beside 대신 besides를 사용하는 경우인데 이 경우는 100퍼센트 틀리다. 꼭 주의를 해야 한다.

'옆'은 beside다.

"I learned long ago, never to wrestle with a pig. You get dirty, and besides, the pig likes it."

나는 오래전에 돼지들과 절대 씨름을 하지 말아야 한다는 것을 배웠다. 옷이 더러워지는 것 외에도 돼지가 너무 좋아한다.

_조지 버나드 쇼(George Bernard Shaw, 영국 극작가)

6 EITHER vs. NEITHER

모 아니면 도!
It's either / neither all or nothing.

스펠링 하나 차이로 비슷한 단어지만 뜻이 미묘하게 바뀌는 단어들을 여러 개 봤는데 이번에도 아주 재밌는 경우다. either와 neither 역시 상황에 따라서 여러 가지 다른 의미로 사용될 수 있기 때문에 알아 두어야 할 것이 많다.

either는 이것 아니면 저것, 즉 둘 다는 안 되고 둘 중에 하나를 골라야 하는 경우에 사용한다.

예 ▶ You can either stay here or go home.
여기 있든지 집에 가든지 해.

neither는 부정의 의미가 있다. 이것도 아니고 저것도 아니고 그러니까 둘 중에 하나가 아니라 둘 다 아닌 경우에 사용한다.

예 ▶ Neither of us could go home.
우리 둘 다 집에 못 갔다.

조금 다른 예를 들어 보자.

예 ▶ Either Kevin or Mark can go home.
케빈이나 마크 둘 중에 한 명만 집에 갈 수 있어.

여기서 잘 보면 either는 or를 써 주고 neither는 nor를 사용했다. 회화에서 neither에 or를 사용하는 경우가 많이 있는데 문법적으로 틀린 표현이다.

Answer

모 아니면 도!
It's <u>either</u> all or nothing.

영어에도 '모 아니면 도'라는 말이 있다. all or nothing이 그것인데, 둘 중에 하나만 가능하기 때문에 답은 either다.

"Neither a borrower nor a lender be."

빌리는 사람도 되시 말고 빌려 주는 사람도 되지 말라.

_윌리엄 셰익스피어(William Shakespeare)

7 IF vs. WHETHER

가든 안 가든 나한테 연락해 줘.
Give me a call if / whether or not you are going to go.

영어 공부를 하면서 단어들이 헷갈리는 이유 중 하나는 두 단어의 뜻이 겹치는 경우가 있기 때문이다. 의미가 같은 경우는 두 단어 중에 아무거나 하나를 사용해도 상관이 없는데, 뜻이 다른 경우인데 바꿔서 써도 되는 줄 알고 사용할 때 문제가 생긴다. 그런 실수를 하지 않으려면 두 단어의 정확한 뜻을 파악해서 언제 사용이 가능하고 불가능한지를 알아야 한다.

if와 whether 역시 뜻이 같은데 우선 겹치는 부분부터 보자.

예 ▶ I don't know whether Brian is coming on Tuesday.
= I don't know if Brian is coming on Tuesday.
나는 브라이언이 화요일에 오는지 모른다.

브라이언이 화요일에 올 수도 있고 안 올 수도 있다는 뜻이다. 이때는 if를 쓰든 whether를 쓰든 문제될 것이 없다. 하지만 다음 문장에서는 바꿔서 사용할 수 없다.

예 ▶ I don't know whether Brian is coming on Tuesday or
Wednesday.
나는 브라이언이 화요일에 오는지 수요일에 오는지 모르겠다.

이 말은 화요일 아니면 수요일에 브라이언이 온다는 뜻이다. 이 문장에서 whether 대신 if를 사용하면 뜻이 달라진다.

예 ▶ I dont' know if Brian is coming on Tuesday or Wednesday.
나는 브라이언이 화요일이나 수요일에 오는지 모르겠다.

이 말은 화요일이나 수요일에 올 수도 있지만 아예 안 올 수도 있다는 의미다. 이처럼 의미가 달라지기 때문에 둘 중에 하나를 말하는 경우는 whether만 사용하는 것이 좋다.

그러면 두 단어가 서로 전혀 다른 의미로 사용될 때를 보자. 만약이라는 뜻으로 가정을 하는 상황에서는 if만 써야 한다.

예 ▶ Give me a call if you are going to go and watch the game.
너 경기 보러 갈 거면 나한테 전화해.

A n s w e r

가든 안 가든 나한테 연락해 줘.
Give me a call __whether__ or not you are going to go.

'어떤 경우라도 상관없이'라는 뜻으로 말하는 경우에는 whether만 쓸 수 있다.

"If everyone is thinking alike, then somebody isn't thinking."
만일 모두 같은 생각을 하고 있다면 그건 누군가가 생각을 안 하고 있다는 뜻이다.

_조지 패튼(George Patton, 미국 장군)

---

8 ME vs. I

"I'm going to lunch with me, myself and I. Would you like to join us?"

유학 시절에 유치한 농담을 좋아하는 친구가 자주 했던 말이다. 영어에는 나를 표현하는 단어가 여러 개 있다. me와 I는 둘 다 나를 뜻하는 단어다. 하지만 바꿔서 사용할 수 없다. 잘 알고 있듯이 I는 주격 대명사다. 그 말은 문장에서 그 사람이 어떤 행동을 하고 있다는 뜻이다.

예 ▶ I want to go home.
나 집에 가고 싶어. → 집에 가고 싶은 사람은 나다.

예 ▶ You and I need to talk.
우리 얘기 좀 해. → 얘기를 해야 하는 사람은 너와 나다.

me는 목적격 대명사다. 즉 여기서 '나'는 행동을 하고 있는 사람이 아니라 행동을 받고 있는 사람이 된다.

예 ▶ Adam told me to wait.
아담이 나한테 기다리라고 했어. → 기다리라고 말을 한 사람은 내가 아니라 아담이다.

예 ▶ **My mom gave me some money.**
엄마가 나한테 돈을 좀 줬어. → 돈을 준 사람은 내가 아니라 엄마다.

사실 이 두 단어가 가장 헷갈릴 때는 다른 대명사가 나오는 경우다.

예 ▶ **Ben told Casey and I / me to call him tonight.**
벤이 케이시랑 나한테 오늘 저녁에 전화하라고 했어.

이때는 me를 써야 한다. to부정사의 의미상 주어는 목적격으로 써야 한다. 그래도 헷갈린다면 더 간단한 방법을 써 보자. 문장에서 다른 사람들은 빼고 I 또는 me만 넣어서 말해 보는 것이다. 〈Question〉의 문장을 이런 식으로 나눠 보자.

I will be down in 5 minutes.
Me will be down in 5 minutes.

이제 어떤 것을 써야 할지 답이 보일 것이다.

Answer

존이랑 나 5분 안에 내려갈게.
John and I will be down in five minutes.

"I am so clever that sometimes I don't understand a single word of what I am saying."

나는 너무 똑똑해서 가끔 내가 하는 말을 나 자신이 못 알아듣는다.

_오스카 와일드(Oscar Wilde)

---

9 UNTIL vs. BY

내가 죽는 날까지 당신을 사랑하겠어요.
I will love you <u>until</u> / by my dying day.

until과 by 또한 우리가 자주 실수를 저지르는 단어 중 하나다. 둘 다 '~까지'로 해석되지만 쓰이는 상황은 다르므로 주의해야 한다. 두 단어 모두 시간과 관련이 있지만 전혀 다른 의미를 갖고 있기 때문에 어떤 상황에서 어떤 단어를 사용해야 하는지 참 헷갈린다.

until은 어느 특정 시간까지 계속 지속되는 개념이다.

예 ▶ I will be in my office until 4 o'clock.
나는 4시까지 사무실에 있을 거야.

2시에도 사무실에 있고 3시에도 사무실에 있겠다는 말이 된다. 그러니까 그전부터 4시라는 특정 시간까지 쭉 있겠다는 뜻이다.

by는 지속적인 의미가 없다. 지속적인 시간이 아니라 정해진 특정 시점이 중요하다. 예를 들면, 친구가 책을 빌려 주면서 "I need the book by 9 o'clock tonight."이라고 말을 하면 "나 오늘 저녁 9시까지 그 책이 필요해. 그러니까 책을 9시에 다시 돌려 줘."라는 뜻이 된다.

그러면 친구가 책을 빌려 달라고 하는데 나도 지금 이 책이 필요한 상황을 한번 생각해 보자. 지금 나도 이 책이 필요하지만 9시 이후에는 빌려 줄 수 있을 때는 어떻게 말을 해야 할까? **"I need the book until 9 o'clock."**이라고 해야 한다.

이제 왜 이 두 단어가 헷갈리는지 이해가 갈 것이다. 우리말에는 '~까지'라는 표현이 하나밖에 없어서 이처럼 상황이 다른 경우에도 같은 말을 사용하고 있기 때문이다. 그것이 바로 우리가 영어의 뉘앙스를 배워야 하는 이유다.

내가 죽는 날까지 당신을 사랑하겠어요.
I will love you <u>until</u> my dying day.

내가 죽기 전에는 계속 사랑하겠다는 뜻이므로 답은 until이다.

"It's not over until it's over."
끝나기 전까지는 끝난 것이 아니다.

_요기 베라(Yogi Berra, 야구선수)

---

10 날씨 표현

under the weather

몸이 아프다기보다는 좀 안 좋은 정도의 의미.

예 ▶ I'm under the weather today.
오늘 몸이 좀 안 좋아.

배를 타 본 사람들은 알겠지만 정말 커다란 배가 아니면 기상 상태에 따라 배가 많이 흔들린다. 그럴 때 멀미를 하거나 상태가 안 좋아진 데서 under the weather라는 표현이 생겼다.

a fair-weather friend

잘나갈 때만 친구이고 어려울 때는 모르는 척하는, 아무런 도움이 안 되는 친구.

예 ▶ I thought John was a good friend, but he turned out to be a fair-weather friend.
나는 존이 좋은 친구인 줄 알았는데 알고 보니까 상황이 좋을 때만 친구였어.

be a breeze

breeze는 가볍게 부는 바람을 말하는데 '아주 쉽다'는 뜻도 있다.

예 ▶ The test was a breeze.
시험이 아주 쉬웠어.

come rain or shine

'비가 오나 눈이 오나 어떤 일이 있든'이란 뜻.

예 ▶ Come rain or shine, he plays basketball everyday.
그는 비가 오나 눈이 오나 매일 농구를 한다.

(take a) rain check

어떤 일을 다음으로 미루는 것.

예 ▶ A: Do you want to come over for dinner tonight?
B: I'm very busy tonight. Can I take a rain check?

A : 오늘 저녁 먹으러 올래?
B : 오늘 저녁에 많이 바빠. 다음에 먹으면 안 될까?

rain check는 미국 야구 경기에서 유래됐다. 야구 경기 중 비가 너무 많이 와서 경기를 할 수 없게 되면 경기를 취소시킨다. 그런데 벌써 돈을 내고 들어온 관중들 모두에게 환불을 해 주기 어려워서 check를 한 장씩 발급했는데 이를 rain check라고 했다.

freeze

아주 춥다는 말. 직역하면 '얼다, 얼리다'인데 그만큼 춥다는 얘기다.

예 ▶ It's freezing outside!
밖에 무지하게 추워!

11 시간 표현

숫자를 그대로 읽기

시간을 읽는 방법 중 우선 가장 쉬운 방법은 숫자를 그대로 읽는 것이다. 먼저 시간을 읽고 분을 읽는다. 지금 시각이 6시 17분이면, six seventeen이라고 읽는다. 12시 35분이면, twelve thirty-five, 4시 20분이면 four twenty가 된다.

2시 3분은 어떻게 읽을까

그런데 여기서 아주 중요한 것이 하나 있는데, 많은 사람들이 1분에서 9분을 못 읽는다는 것이다. 예를 들면 2시 3분은 영어로 어떻게 읽을까? 시간과 분을 읽으면 되니까 two three로 읽는 사람들이 많은데 1분부터 9분까지는 '일, 이, 삼, 사'가 아니라 '공일, 공이, 공삼, 공사'로 읽어야 한다. 흔히 영어로 숫자 영을 zero라고 하는데 물론 틀린 건 아니지만 구어에서, 특히 시간을 읽을 때는 zero가 아니라 알파벳 o로 읽는다. 그러니까 2시 3분은 영어로 two o-three가 된다. 9시 5분은 nine o-five, 2시 8분은 two o-eight로 읽으면 된다.

after와 past

사실 영어로 시간 읽는 법은 여러 가지가 있다. 먼저 after와 past를 사용하는 법을 보자. after는 '다음'이라는 뜻이고 past는 '지났다'라는 뜻인데 8시

5분은 five after eight 또는 five past eight으로 읽을 수 있다.

그런데 여기서 중요한 것이 두가지 있다. 첫째는 숫자를 그대로 읽을 때는 시간을 먼저 읽고 분을 다음에 읽었는데 여기서는 분을 먼저 읽고 시간을 나중에 읽는다는 것이다. 그러면 6시 22분을 읽는 방법은 3가지가 된다.

· six twenty-two

· twenty-two after six

· twenty-two past six

두 번째로 중요한 것은 after와 past는 1분에서 29분까지만 사용한다. 그러면 30분이 지나면 어떻게 읽을까? 우선 제일 쉬운 방법은 앞서 설명했듯이 숫자를 그대로 읽는 것이다. 3시 40분은 three forty로 읽는 것이다.

31분에서 59분까지는 to를 사용한다. 여기서 to는 '전(前)'이라는 뜻으로 3시 40분은 twenty to four라고 읽으면 된다. 직역하면 4시 20분 전이라는 뜻이다. 응용해 보면 6시 50분은 7시 10분 전이므로 ten to seven이 되며, 8시 50분은 9시 10분 전이므로 ten to nine이 된다.

12 신체 부위와 관련된 숙어

all ears

아주 주의 깊게 듣는다는 뜻.

예 ▶ A : Do you want to know what John told me last night?
B : Tell me. I'm all ears!

A : 어제 존이 나한테 무슨 얘기를 했는지 알아?
B : 말해 줘. 잘 들을게!

"All eyes are on me."는 사람들의 관심이 나에게 집중되어 있다는 의미다.

예 ▶ All eyes are on you. Don't let them down.
모두가 너를 보고 있어. 그들을 실망시키지 마.

cost one an arm and a leg

매우 비싸다는 뜻. 팔 하나와 다리 하나를 줬다니 얼마나 비싼 물건인가!

예 ▶ This suit cost me an arm and a leg.
이 정장 무지하게 비싸게 주고 샀어.

flesh and blood

셰익스피어의 『햄릿』에서 나온 표현으로 친자식이라는 뜻.

예 ▶ He is my flesh and blood.
그는 나의 아들이야.

hit the nail on the head

못의 머리를 때렸다. 어떤 핵심을 정확히 짚었다는 뜻이다.

keep someone at arm's length

친해지기 싫어서 거리를 두고 사람들을 대하는 걸 말한다.

예 ▶ It's hard to get to know Julie. She keeps everyone at arm's length.
줄리랑 친해지는 게 쉽지 않아. 걔는 항상 사람들과 거리를 둬.

keep one's chin up

직역은 턱을 들라는 말인데, 낙심을 해서 고개를 떨어뜨리고 있는 사람에게 용기를 내고 고개를 들라는 뜻이다.

예 ▶ Keep your chin up. We still have many games to play.
고개 들어. 우린 아직도 많은 게임이 남았어.

over one's dead body

'내 시체를 넘어서'는 절대 반대한다는 뜻. 정 그렇게 하고 싶으면 나를 죽이고 나서 하라는 말로 "내 눈에 흙이 들어가기 전에는 안 된다."는 의미와 같다.

예 ▶ A : Mom, can I pierce my tongue?
B : Over my dead body!
A : 엄마, 나 혀 뚫어도 돼?
B : 내 눈에 흙이 들어가기 전에는 안 돼!

13 영화에 등장하는 흔한 이름들

Mr. Big의 진짜 이름은 극비사항?

미드 〈섹스 앤 더 시티〉에서 캐리가 '빅'이라고 부르는 남자의 이름은 실제로 빅이 아니다. 그런데 왜 빅이라고 부르는 걸까?

'거물'을 영어로 big shot이라고 한다. '잘나가는 사람', '실력자'라는 뜻이다. Mr. Big의 Big은 이 big shot에서 나왔다고 생각하면 된다. 캐리의 입장에서는 너무 완벽해서 다가가기 부담스러운 인물이었던 것이다. 캐리의 표현을 빌리면 다음과 같다.

예 ▶ He was Mr. Big, major tycoon, major dreamboat and majority out of my league.

그는 미스터 빅이었어. 너무나도 거물이면서 너무나도 완벽하고, 나와는 너무나도 수준이 다른 사람.

포어맨 씨는 법정 드라마 전문 배역?

법정 드라마를 보면 재판 끝부분에 늘 '포어맨'이라는 사람이 등장하는데 바로 배심원단의 대표다. 근데 대표는 늘 '포어맨 씨'였다는 것을 아는가? 대체 어쩌다 포어맨 일가가 배심원단을 장악하게 된 걸까? 포어맨이라는 게 그렇게 흔한 성도 아닌 것 같은데 말이다. Mr. Foreman은 배심원단 대표를 지칭하는 단어다. 재판이 끝날 무렵에 재판장이 이렇게 묻는다.

예 ▶ Mr. Foreman, has the jury reached the verdict?
포어맨 씨, 배심원들이 평결을 내렸습니까?

범인들은 왜 존(John)만 죽일까?

미드 〈CSI〉를 보면 대부분의 남자 시체를 '존'이라고 부른다. 존 도(John Doe)는 '신원 미상의 남자 피해자'를 가리키는 말이다. 여자 시체인 경우엔 제인 도(Jane Doe)라고 말한다. 이는 원래 법정 소송에서 피고의 이름이 분명치 않을 때 쓰던 가명이었다고 한다.

예 ▶ Dr. Haekes : Our Jane Doe's heavier than she looks.
Detective Flack : Better make that a John Doe.
해키스 박사: 우리의 제인 도가 보기보다 무겁구먼.
플랙 형사: 존 도라고 하는 게 낫겠는데요.

문제가 생기면 휴스턴을 부르라고?

미국인들은 '휴스턴, 문제가 생겼다'라는 말을 종종 한다. 왜 문제만 생겼다 하면 휴스턴을 불러 댈까? 휴스턴이 문제 해결사라도 되는가? '휴스턴, 문제가 생겼다'는 영화 〈아폴로13〉에 나왔던 대사다. 바로 "Houston, we have a problem." 아폴로 13호와 휴스턴 과제 센터와의 대화는 실제 상황. 경우에 따라 문제가 해결됐을 땐 "Houston, we don't have a problem(휴스턴, 문제가 없어졌다)."과 같이 부정문으로 응용해 말하기도 한다.

제6장
단어 빠개기 편

언어 공부의 기본은 그 나라의 문화를 이해하는 것

우리가 평생 영어를 공부하고 영어를 잘하는 것을 바라다 보니 마치 미국인이나 영국인의 사고방식이 우리보다 더 합리적이고 우월하다고 생각하는 경우가 있는 것 같다. 물론 절대 그렇지 않다. 그런데도 자꾸 영어 사용자들의 문화나 사고방식을 소개하는 이유는 그들의 문화를 알아야 그들의 언어를 제대로 이해할 수 있기 때문이다. 만일 외국인들에게 한국어를 가르치는 교사라면 마찬가지로 한국인의 문화에 적응하라고 가르쳐야 할 것이다.

아무튼 영미인을 비롯한 서구인들이 한국인을 비롯한 동양인들을 '무례하다'고 생각하는 경우를 종종 본다. 반대로 이쪽에서는 그 동네 사람들이 아주 무례하고 경우가 없어 보이는데 말이다. 서로 민감한 부분이 다르기 때문이다. 그래서 서로 상대방이 노골적이고 공격적이고 무례하다고 느끼며. 웃으면서 이야기하고 뒤에서 비웃는 일이 벌어진다. 영어를 공부하는 입장에서는 이게 다 뉘앙스의 차이를 모르기 때문이라고 말하는 수밖에 없다. 영어를 잘하게 된 후, 왜 우리가 볼 때 그들이 버릇없어 보이는지 설명해 줄 수 있도록 하자.

우리가 잘 알지 못하는 영미인의 민감함을 보면 "Can I get your phone number?"와 같은 표현이 있다. 우리로서는 사업상 만나게 된 사람끼리 전화번호를 물어보는 게 무례한 표현도 아닌데, 영미인들은 이런 질문을 받으면 굉장히 당황스러워한다. 왜 내 전화번호까지 알려고 드는지 의아해하는 것이다. 이것은 private한 것에 대한 감각이 다르기 때문이다. 이럴 때는 "May I get your contact number?"라는 표현을 쓰는 게 좋다. contact number와 phone number는 한 단어의 차이지만 좀 더 점잖은 표현이 만들어 낸다. 집 전화, 휴대전화, 사무실 전화 등 다양한 번호가 있을 때 연락하려면 어디로 걸면 되느냐고 묻는 것이므로 상대방은 자신이 받기 편리한 번호를 가르쳐 주면 된다. 이렇게 생각하는 입장에서라면 대뜸 전화번호를 묻는 건 선택권을 주지 않고 노골적이고 무례하게 상대방의 정보를 요구하는 행위로 보일 것이다.

이렇게 영어는 advanved 영어나 biz 영어로 갈수록 단어 선택에 더 민감해진다. 영어 공부의 목적이 단순한 의사소통이 아니라면 그 목적에 맞는 영어를 구사하는 것도 중요하다.

이런 뉘앙스의 차이를 지금은 모르더라도 너무 걱정할 필요 없다. 처음부터 알 수는 없는 노릇이니까. 다만 실수를 하면서 교정하고, 가능하면 공부하면서 하나둘씩 익혀 가면 자연스럽게 해결되는 문제다. 이런 차이가 중요하다는 걸 잊고 있으면 이 1퍼센트 때문에 99퍼센트의 공부가 헛공부가 되는 안타까운 일이 벌어진다.

지금까지 즐겁게 공부해 왔듯이 영어식 발상법이 잘 드러나는 단어들을 통해 영어의 감을 마지막 1퍼센트까지 신나게 익혀 보자. 하나둘씩 이렇게 단어를 빠개 나가다 보면 실수할 수도 있다는 불안감을 빠개고, 실수했을 때의 창피함을 빠개고 어느새 기본 어휘만으로 능수능란하고 유창하게 의사소통을 하는 단계에 이르게 될 것이다!

Cheer up!

1. BACK

영어를 공부할 때 제일 어려운 부분 중 하나가 숙어인 것 같다. 숙어는 간단히 설명하면 두 단어로 만들어진 동사인데, 숙어가 어려운 이유는 두 단어의 뜻을 알아도 의미를 연상하기가 어렵기 때문이다. 그래서 숙어는 그냥 한 단어로 생각을 하고 외워야 한다. 숙어가 어려운 또 다른 이유는 뜻이 여러 개인 경우가 많다는 것이다. 그렇기 때문에 한 가지 뜻만 알고 있으면 안 되고 상황에 따라서 어떤 의미로 바뀌는지 전부 알고 있어야 한다. 대표적인 예로 back과 관련된 숙어들을 보자.

지원하다

굉장히 많이 쓰이는 표현으로 특히 액션영화에서 무지하게 많이 나온다. 왜냐하면 back up의 의미 중에 하나가 지원이기 때문이다. 그래서 영화를 보면, 특히 경찰이 많이 나오는 영화에서 경찰이 지원을 요청할 때, "I need back-up!"이라고 외친다.

예 ▶ Call for back-up!
지원 요청해!

지지하다, 뒷받침하다

지원과 같은 의미로 뒷받침한다는 뜻도 있다. 예를 들면 누가 내 얘기를 안 믿을 때 "I need someone to back me up."이라고 얘기를 하면 누가 내 말이 맞다고 좀 지지해 달라는 의미가 된다.

예 ▶ **If you don't believe me, ask Dave. He will back me up.**
내 말을 못 믿겠으면 데이브한테 물어봐. 내 말을 지지해 줄 거야.

백업하다

back up은 사실 컴퓨터를 많이 다루는 지금은 많이 익숙한 숙어다. back up의 또 다른 의미는 혹시 문제가 생길 것을 대비해서 파일을 다른 곳에 저장시켜 놓는다는 뜻이다. 컴퓨터에 문제가 생겨서 파일이 날아간 경험은 누구나 한번쯤 해 봤을 것이다. 그런 경우를 대비해서 파일들을 백업시켜 놓는다고 한다.

예 ▶ **What files do I need to back up?**
어떤 파일들을 백업시켜야 되죠?

예 ▶ **You must back up important files.**
중요한 파일은 꼭 백업시켜야 한다.

뒤로 물러서다

말 그대로 뒤로 물러(back) 선다(up)는 뜻이다.

예 ▶ **You are standing too close. Please back up.**
너무 가까이 서 계십니다. 뒤로 좀 물러서 주세요.

예 ▶ **You need to back up your car. I cannot open to door.**
너 차 좀 뒤로 빼. 문을 열 수가 없어.

밀리다, 정체하다

교통 체증이 생긴 상황이나 해야 할 일이 쌓여 있는 상황에서 쓴다.

예 ▶ The traffic is backed up.
차들이 밀렸다.

예 ▶ He is backed up.
그는 (일이) 밀렸다.

Orders are back up.

주문이 밀렸다.

연줄

뒤를 봐주는 사람이 있는 경우 우리는 '백이 있다'고 말하지만 영어로는 connections라고 한다. 연줄이 있다는 말이다.

예 ▶ He has connections.
그는 연줄이 있어.

2 BIG

big. 이 간단한 단어가 어떻게 다르게 사용되는지 한번 보자.

크다

예 ▶ **You have big hands.**
너 손이 참 크구나.

big word

그럼 big word는 무슨 뜻일까? 직역하면 '큰 단어'란 말인데 단어가 어떻게 크다는 걸까? big word는 우리가 평소에 잘 사용하지 않는, 아주 어려운 단어를 말한다.

예 ▶ **He uses big words all the time.**
그는 (말할 때) 항상 어려운 단어들을 사용한다.

big game / big match

우리도 중요한 경기는 큰 경기라고 말하듯이 영어에서도 big game 또는 big match라는 표현을 쓴다.

big name

아주 유명하고 영향력 있는 사람을 가리키는 말이다. 이름만 들어도 알 만한 사람, 한마디로 거물이라는 뜻이다.

big in (something)

'유명하다'는 뜻이다. 한류스타들은 아시아에서는 인기가 많지만 북미에서
는 상대적으로 잘 알려지지 않았다. 그래서 미국 연예 뉴스에서 한류스타들
을 소개할 때 이런 표현을 자주 쓴다.

예 ▶ **Rain is very big in Asia.**
비는 아시아에서 아주 유명하다.

big brother

'빅 브라더'라는 말은 들어 본 적이 있을 것이다. big brother는 집안의 큰
형, 또는 큰오빠를 말한다.

예 ▶ **He is my big brother.**
우리 큰오빠야.

친형제는 아니지만 말 그대로 큰형 또는 큰오빠의 역할을 해 주는 사람, 예
를 들면 소년·소녀가장을 후원해 주는 큰형, 큰오빠 같은 사람도 big brother
라고 부른다. big brother는 사실 영국 작가 조지 오웰의 소설 『1984』에서 나
온 표현으로 유명하다. 이 책에서 정부는 국민들의 일거수일투족을 낱낱이
감시한다. 그래서 전에는 공산당 같은 독재 정권을 가리켜서 big brother라
고 했다. 요새는 정부가 사람들의 사생활까지 지나치게 간섭하는 것을 빗대어
big brother라는 표현을 사용한다.

예 ▶ **Be careful. Big Brother is watching you.**
조심해. 정부가 감시하고 있어.

이렇게 big이란 단어는 물리적인 것뿐만 아니라 상징적으로 커다란 것들까
지 표현한다.

3 COM-

com은 '함께, 같이, 서로'라는 뜻의 together라는 라틴어에서 나왔다고 한다. 그래서 com으로 시작하는 단어들은 대부분 '함께, 같이, 서로'라는 의미를 갖고 있다.

combat

com은 '서로, 함께'라는 뜻이고 bat는 '때리다'라는 뜻이다. 그래서 combat은 '전투' 또는 '싸우다'라는 뜻이다.

combine

combine에서 com은 '함께, 같이'라는 뜻, bi는 2개라는 뜻이다. combine은 '합치다, 합병하다, 결합하다'라는 뜻이다.

common

common은 '흔한, 일반적인'이란 뜻이다. 많은 사람들이 함께 나누고 사용하는 것들이란 어원에서 나온 단어다.

community

community는 같이 사는 지역 또는 공동사회를 말한다.

compare

compare는 '비교하다'라는 뜻이다. 하나만 가지고는 비교를 할 수 없고 적어도 2개 이상은 있어야 가능하다. 여러 개를 같이 모아서 비교하는 것을 뜻한다.

compete

compete는 '경쟁하다, 겨루다'라는 뜻이다. 이것도 compare와 마찬가지로 혼자 할 수 있는 것이 아니다. '서로' 경쟁하고 겨룬다는 의미다.

computer

그러면 computer는 무슨 뜻일까? 단어를 보면 알 수 있듯이 computer도 'com-'이란 단어에서 나왔다. 원래 computer는 '다 같이 계산하다'라는 어원에서 나온 말인데, 처음 발명된 컴퓨터는 숫자를 계산하는 계산기였다.

.com(닷컴)

인터넷 주소 뒤에 붙는 com도 사실 com-과 연관이 있다. 이 단어는 '상업'이란 뜻을 가지고 있는 commercial이란 단어를 줄인 말이다. 그런데 이 단어의 어원이 com-인 것이다.

4 CRACK

바삭바삭, 우지직

우리가 흔히 크래커라고 부르는 과자의 이름은 crack이란 단어에서 나왔다. 크래커는 먹을 때마다 바삭바삭 하고 소리가 나는데 이 소리를 crack이라고 한다. 그래서 소리를 내는 과자는 cracker가 된 것이다.

바삭바삭뿐만 아니라 우지직 하고 나무가 갈라지는 소리, 날카로운 소리, 또는 천둥치는 소리도 crack이라고 표현한다.

예 ▶ Thunder cracked in the sky.
하늘에서 천둥이 쳤다.

영화에서 싸우기 전에 손가락으로 우두둑 소리를 내는 장면을 본 적이 있을 것이다. 그것을 영어로 crack fingers 또는 crack knuckles라고 한다. "Stop cracking your fingers."라고 하면 "손가락 가지고 우두둑 소리 내지 마."라는 뜻이 된다.

금이 가다

crack은 의성어인 동시에 명사로는 '금', 동사로는 '금이 가다'라는 뜻이다.

예 ▶ I cracked my rib.
나 갈비뼈에 금이 갔어.

예 ▶ This cup is cracked.
이 컵 금이 갔어.

깨뜨리다

crack는 '깨뜨리다'라는 뜻도 있다. 차이코프스키의 '호두까기인형'의 영어 제목은 'Nutcracker'다. nut은 호두나 밤같이 껍질이 두꺼운 견과류를 말하고 그 껍질을 crack하는 도구를 nutcracker라고 하는 것이다.

예 ▶ **Crack those eggs into a bowl.**
저 계란들 좀 깨서 그릇에 넣어.

암호를 풀다

비밀번호를 풀 때 crack했다고 한다. 암호를 깨는 것이다.

예 ▶ **I cracked the password.**
패스워드를 깼다.

crack up

소리 내서 깔깔 웃는 것을 crack up이라고 한다.

예 ▶ **Don't crack me up.**
나 웃기지 좀 마.

예 ▶ **He cracked up when I told him a joke.**
나의 농담에 그는 깔깔 웃었다.

5 DATE

날짜

date는 명사로 '날짜'라는 뜻이다.

예 ▶ What is the date today?
= What date is today?
오늘이 며칠이지?

date를 동사로 사용하면 '날짜를 적다'라는 뜻이 된다.

예 ▶ I want you to date all your letters.
모든 편지에 날짜를 적어 줘.

to date는 '오늘날까지'라는 뜻이다.

예 ▶ This new album is his best work to date.
새 앨범은 오늘날까지 그의 최고의 작품입니다.

데이트하다

남녀가 만나서 밥 먹고, 영화보고, 얘기하고 즐기는 것을 '데이트한다'고 한다.

예 ▶ I have a date tonight.
오늘 저녁에 데이트 있어.

하지만 영어에서 '데이트한다'는 말이 '사귄다'는 뜻은 아니다. 우리는 보통 사귀고 있는 사람과 데이트한다는 표현을 쓰지만 영어에서는 그렇지가 않다.

date는 앞에서도 말했듯이 날짜라는 뜻으로 a date는 하루를 의미한다. 그래서 "I have a date today."라고 하면 하루 만나 볼 상대가 있다는 뜻이다. 소개팅일 수도 있고 맞선일 수도 있다. 데이트를 즐기는 것은 맞는데 꼭 사귀는 사이가 아니어도 된다는 것이다.

"He is my date tonight."이라고 하면 "이 남자가 오늘 하루 데이트 상대야."라는 뜻이다. 그러니까 사람을 date라고 표현할 수도 있는 것이다. 그럼, 계속 date하는 사이, 즉 사귀는 사람은 어떻게 표현할까? 말 그대로 데이트를 계속하는 사이니까 date에 ing을 붙여서 현재 진행형을 만들면 된다.

예 ▶ Are you dating anyone?
　　만나는 사람 있어?

예 ▶ I have been dating her for the last 5 months.
　　나는 그녀와 5개월째 사귀고 있어.

up to date

앞에서 다룬 update와 비슷한 말로 up to date란 말이 있다. 최근 소식, 새로운 소식을 전해 달라는 뜻으로 이렇게 쓴다.

예 ▶ I was not at the meeting yesterday. Please bring me up to date.
　　나 어제 회의에 못 갔어. 새로운 소식 알려 줘.

outdate

'오래됐다, 유행이 지났다, 구식이다'라는 뜻이다.

예 ▶ My cell phone is outdated.
　　내 휴대전화는 구식이야.

6 DAY

하루

day는 아주 익숙한 단어다. '하루'를 말하기도 하며 해가 떠 있는 시간, 즉 '낮'을 뜻하기도 한다. birthday, thanksgiving day같이 특정한 날을 부를 때도 day를 쓴다. '요즘'은 nowadays라고 하고, 미래의 '언젠가'라는 말은 some day, any day는 '언제든, 아무 때나'라는 뜻이다.

예 ▶ I am going to be famous some day.
난 언젠가 유명해질 거야.

예 ▶ You can call me any day.
나한테 언제든 전화해도 돼.

day and night은 '주야'라는 말로, '하루 종일, 끊임없이' 무엇을 할 때 주로 사용한다.

예 ▶ He has been practicing day and night.
그는 하루 종일 연습하고 있다.

친구들과 옛날 얘기를 나누다가 '그땐 좋았지', '그 시절이 좋았다'고 할 땐 **"Those were the days."**라고 하면 된다. count the days는 '(어느 날을) 하루하루 손꼽아 세고 있다'는 뜻이다. 우리는 보통 무엇을 간절히 기다릴 때 날짜를 센다.

예 ▶ I've been counting the days since you left.
네가 떠난 후 매일 날을 셌어.

이 밖에도 day를 이용한 유용한 표현들이 많이 있다.

예 ▶ **Every dog has his day.**
쥐구멍에도 볕 들 날이 있다.

예 ▶ **Your day will come.**
너의 날이 올 거야. → "네가 잘나가는 날이 올 거야."라는 뜻이다.

예 ▶ **(Let's) call it a day.**
오늘은 여기까지 하자. → 보통 일을 마칠 때 사용한다.

예 ▶ **A : Are you tired?**
B : Yeah, I'm very tired
A : Let's call it a day then.

A : 피곤해?
B : 응, 되게 피곤해.
A : 그럼 오늘은 여기서 끝내자.

have a day off

'(근로자 등이) 하루 쉬다'라는 뜻이다.

예 ▶ **I'm going to have a day off tomorrow.**
나 내일 하루 쉴 거야.

7 EX-

라디오를 진행할 때 한 청취자가 영화나 드라마에서 과거에 사귀던 사람을 왜 ex라고 부르는지 질문을 한 적이 있다. 왜 그렇게 부를까?

전(前)

ex는 전(前)이라는 뜻이 있다. former하고 같은 뜻인데 former는 ex보다 더 형식을 갖춘 표현이다. 인간관계에 있어서 단어 앞에 ex를 붙일 수도 있다. ex-boyfriend라고 하면 전 남자친구가 되고 전 남편이나 전 부인도 ex-husband, ex-wife라고 부르는데 짧게 줄여서 그냥 ex라고도 부른다.

밖

ex는 out이란 의미로도 많이 사용된다. 그래서 비상구나 출구를 exit이라고 한다. 밖으로 나간다는 의미다. 수출은 export이고, 밖으로 넓혀 간다는 뜻의 expand는 '확장하다'라는 의미를 갖는다.

exaggerate는 '과장하다'란 뜻이다. 원래 이야기보다 더 크게 부풀린 것을 말한다.

exclude는 '밖에 있는', 즉 '포함되지 않은'이란 의미로 '제외하다'라는 뜻이다.

exposure는 '밖으로 드러낸', 즉 '노출하다'라는 뜻이 된다.

extend는 범위, 거리, 기간 등을 벗어나 넓어지거나 길어진다는 뜻이다.

extraordinary는 '비범한, 놀라운'이란 뜻인데 '평범함에서 벗어났다'는 의미다.

8 FREE

공짜

마트나 쇼핑을 할 때 free라는 말이 보이면 그렇게 반가울 수가 없다.

예 ▶ **The admission is free after 7.**
7시 이후는 무료 입장입니다.

우리나라의 대형할인마트에서는 '원 플러스 원' 행사를 많이 하는데 이를 영어로는 **'buy one get one free'**라고 한다. 또는 **'two for one'**이라고 한다.

자유로운

무엇보다 free의 가장 보편적인 뜻은 '자유로운'이다. 그런데 free가 어떤 단어 뒤에 붙으면 '~이 없는, ~으로부터 자유로운'이라는 뜻이 된다. 이런 단어들이 많이 있는데 몇 가지만 살펴보자. 여자들이 외국에 나갈 때 공항에서 가장 좋아하는 곳은 어디일까? 아마 **duty-free shop**일 것이다. **duty**는 의무라는 뜻도 있지만 수입세라는 뜻도 있다. 그러니까 **duty-free shop**은 관세가 없는 가게, 즉 면세점이란 뜻이다. **caffeine-free**라고 하면 카페인이 없다는 뜻이다.

예 ▶ **This drink is caffeine-free.**
이 음료수는 카페인이 들어 있지 않습니다.

예 ▶ **A trouble-free life.**
근심 걱정 없는 삶.

sugar-free는 설탕이 들어 있지 않다는 뜻이고 gravity-free는 중력으로로부터 자유, 그러니까 무중력이란 뜻이다. 그러면 smoke-free area는 어떤 뜻일까? 연기로부터 자유인 공간이므로 금연 구역이란 뜻이 된다.

한가하다

free에는 '한가하다'라는 뜻도 있다.

예 ▶ Are you free this afternoon?
오늘 오후에 한가해(시간 있어)?

예 ▶ I am free this weekend.
나 이번 주말에 한가해.

9 FRUITS & FOOD

영어에는 과일과 음식에 관련된 표현들이 많이 있다. 그중 대표적인 표현 몇 가지를 보자.

An apple a day keeps the doctor away.

직역으로 풀면 하루에 사과 하나는 의사를 멀리하게 만든다는 뜻이다. 오래전에는 나무에서 열리는 둥근 모양의 과일을 모두 apple이라고 불렀다. 그러니까 과일은 건강에 아주 좋다는 표현이다.

a bad apple

못된 사람을 표현할 때 a bad apple이라고 한다. "One bad apple spoils the bunch."란 표현이 있는데 썩은 사과 하나는 다른 사과들도 썩게 만든다는 뜻이다.

예 ▶ The corruption in the company started with just one bad apple.
회사의 부패는 (못된) 사람 한 명으로부터 시작됐다.

an apple of someone's eye

가장 사랑하고 소중한 사람을 말할 때 사용하는 표현이다. 여기서 apple은 사과라는 뜻이 아니라 눈동자라는 뜻이다. 우리나라 말에도 사랑하고 소중히 여기를 사람을 말할 때 눈에 넣어도 아프지 않다는 표현이 있는데 이와 같은 의미다.

> **예** ▶ His youngest daughter is the apple of his eye.
> 그의 막내딸은 그에게는 눈에 넣어도 아프지 않을 아이다.

> **예** ▶ You are the apple of my eye.
> 당신은 제가 가장 사랑하고 소중히 여기는 사람입니다.

Butter up

아부한다는 뜻.

> **예** ▶ He is always buttering up the boss.
> 그는 항상 사장님한테 아부한다.

a piece of cake

'누워서 떡 먹기'라는 말로 아주 쉽다는 뜻이다.

> **예** ▶ The test was a piece of cake.
> 시험이 정말 쉬웠다.

Adam's apple

영어로 목젖(결후, 후골)을 Adam's apple이라고 부른다. 성경(창세기)에 보면 아담과 이브가 먹지 말라는 선악과를 먹는 얘기가 나오는데 아담이 선악과를 먹다가 목에 걸려서 남자가 목젖이 나왔다는 근거 없는 스토리가 전해져 내려오고 있다.

> **예** ▶ You have a big Adam's apple!
> 너 목젖이 되게 크다!

10 HAND

hand가 손이라는 뜻인지 모르는 사람은 없을 것이다. 영어에는 신체와 관련된 표현이 많은데 그중에서 손과 관련된 숙어들이 많다. 많이 사용되는 표현들을 몇 가지 보기로 하자.

hand someone

누군가에게 건네달라는 뜻이다.

예 ▶ Could you hand me the book on the table?
테이블에 있는 책 좀 줄래?

handout / hand out

handout은 한 단어로 붙여서 쓰면 '유인물, 인쇄물'이란 뜻이고 두 단어로 된 hand out으로 쓰면 '나누어 주다'라는 뜻이 된다.

예 ▶ Helen, hand out these books to students.
헬렌, 이 책을 학생들에게 나누어 줘.

hand over

'넘기다'라는 뜻. 영화에서 자주 들을 수 있는 대사이기도 하다.

예 ▶ Hand over the money.
돈을 넘겨.

예 ▶ Hand him over to us.
그 사람을 우리에게 넘겨.

give one a hand

직역하면 '손 하나만 달라'는 것인데 물론 손을 내놓으라는 말은 아니고 도와달라는 뜻이다. 박스를 옮기는데 무거워서 혼자 들 수 없을 때 친구에게 이렇게 말할 수 있다.

예 ▶ Hey, give me a hand.
야, 좀 도와줘.

예 ▶ Could you give me a hand with this?
이것 좀 도와줄래?

hands are tied는 '내 손이 묶여 있다', 즉 바쁘다는 뜻이다. 친구가 도와달라(give me a hand)고 부탁했는데 바쁘다면 이렇게 말할 수 있다.

예 ▶ My hands are tied right now.
나는 지금 바빠.

give a big hand

크게 도와달라는 것이 아니라 '박수를 보내다'라는 뜻이다.

예 ▶ Let's give a big hand to Andy.
앤디에게 큰 박수를 쳐 줍시다.

hands off

'손을 떼다', 즉 손대지 말라는 뜻이다.

put one's hands up

손을 들라는 뜻이다.

raise one's hands

질문 있으면 손을 들라고 할 때 쓴다.

handy

손이 하나 더 생기면 어떨까? 두 손으로 하던 것보다 더 많은 것을 할 수 있을 것이다. handy는 손이 하나 더 있는 것같이 쓸모가 많고 유용하다는 의미가 된다.

예 ▶ This product is very handy!
　　이 물건은 참 유용하다!

11 **HIT**

히트는 우리 생활에서 많이 사용하는 외래어 중 하나다. "요즘 그 상품이 아주 히트 쳤어.", "이 앨범은 가수들의 히트곡만 모아 놨어." 등 어떤 상품, 노래, 영화 등이 아주 큰 인기를 모아서 흥행에 성공했을 때 히트 쳤다고 하는데 왜 그런 걸까?

때리다, 치다

예 ▶ **She hit me with her bag.**
그녀는 가방으로 나를 때렸다.

예 ▶ **He hit me first.**
그 사람이 먼저 때렸어요.

예 ▶ **Hit it hard!**
세게 때려!

히트하다, 대박나다

그래서 어떤 상품이 인기가 많으면 그 시장을 쳤다, 강타했다는 뜻에서 hit 했다는 표현을 쓰는 것이다. '상종가를 쳤다, 혹은 바닥을 쳤다'라는 말에도 hit를 쓰는데, 올라가면 hit high, 바닥을 치면 hit low라고 한다.

예 ▶ **Oil prices hit record high today.**
오늘 기름 값이 사상 최고치를 기록했다.

안타

야구에서 안타를 hit라고 한다.

He hit a single. (그는 1루타를 쳤다.)

He hit a double. (그는 2루타를 쳤다.)

He hit a triple. (그는 3루타를 쳤다.) 라고 말을 한다.

It hit me that~

갑자기 어떤 생각이 머릿속에 떠올랐을 때 hit라고 한다. 'It hit me that'이라고 하고 뒤에 떠오른 생각을 말하면 된다.

예 ▸ It hit me that I didn't lock the door.
문을 안 잠근 것이 갑자기 생각이 났다.

hit back

'반격하다'라는 뜻이다.

예 ▸ If you hit me, I'm going to hit back.
네가 나를 때리면 나도 때릴 거야.

hit below the belt

직역은 벨트 아래를 때린다는 말이다. 권투에서 상대의 벨트 아래를 때리면 반칙이다. 그래서 권투에서는 직역으로 사용하지만 일반적으로는 비도덕적인 말이나 행동을 지적할 때 사용한다. 그러니까 인신공격을 한다든지 비겁한 짓을 했을 때 사용한다. 누군가 비신사적인 말을 했을 때 "That was below the belt."라고 말을 한다.

12 LIFE

생명

life는 주로 생명, 목숨, 인생이란 뜻으로 사용되는데 알아 두면 좋은 표현들이 많다. 우선 생명이란 뜻으로 사용되는 표현을 보자.

예 ▶ **You are a life saver!**
당신은 생명의 은인입니다!

예 ▶ **Many lives were lost in the World War II.**
제2차세계대전 때 많은 목숨을 잃었다.

예 ▶ **I bet my life.**
내 목숨을 건다.

생활

life에는 생활이란 뜻도 있다. "How are you?" 대신 "How's life?"라고 인사하는 경우도 있다. 학교를 다니고 있는 학생에게는 이렇게 물을 수 있다.

예 ▶ **How is your school life?**
학교 생활은 어때?

한국에 살고 있는 외국인에게는 이렇게 말할 수 있다.

예 ▶ **How's life in Korea?**
한국 생활은 어떤가요?

예 ▶ **Are you used to the life here?**
이곳 생활에 적응하셨나요?

누군가에게 너무 사적인 질문을 받았다면 이렇게 대답하면 된다.

예 ▶ **That's my private life. You don't have to know.**
내 사생활이야. 넌 알 필요 없어.

long life

긴 목숨, 즉 장수라는 뜻이다.

예 ▶ **Living a long life is a blessing.**
장수하는 것은 축복이다.

life sentence

무기징역이란 뜻이다.

예 ▶ **He received a life sentence.**
그는 무기징역을 구형받았다.

love life

청춘사업이란 말을 영어로는 love life라고 한다.

예 ▶ **How is your love life?**
청춘사업은 어때?

real life

real life는 실제 삶이라는 뜻이다. 영화나 드라마 같은 가상의 삶과 비교할 때 이렇게 말할 수 있다.

예 ▶ **That's a movie. Real life is different.**
그건 영화잖아. 실제 삶은 달라.

night life

직역하면 밤의 생활인데 '밤 문화'를 말한다.

예 ▶ **What is night life like in Seoul?**
서울의 밤 문화는 어떻습니까?

That's life

"That's life."라는 관용적 표현도 있다. "인생은 그런 거야.", "사는 게 다 그런 거지 뭐." 정도의 표현이다.

예 ▶ **It is tough, but that's life.**
힘들긴 하지만 사는 게 다 그렇지 뭐.

예 ▶ **It's a chance of a lifetime.**
평생에 한 번 있을까 말까 한 기회야.

13 MIND

mind의 사전적인 의미는 '마음, 정신'이다. 그런데 마음과 정신은 심리학자들 사이에서도 의견 차이가 있을 정도로 설명하기 쉽지 않다. 영어에서는 mind를 어떻게 사용하는지 보자.

Do you mind if~

주로 상대방에게 양해를 구할 때 사용하는 표현이다. '~해도 괜찮을까요?' 정도의 의미다.

예 ▶ Do you mind if I sit here?
제가 여기 앉아도 될까요?

이 문장을 직역하면 "제가 여기 앉으면 꺼려하시겠습니까?"가 된다. 그렇기 때문에 "Yes."라고 대답을 하면 꺼린다는 뜻이 된다. 앉아도 괜찮다고 말하려면 "No."라고 해야 한다.

lose one's mind

직역하면 '정신을 잃었다'는 뜻이다. 우리는 의식을 잃었을 때 정신을 잃었다고 말하는데 lose one's mind는 그런 의미가 아니다. 여기서 mind는 '이성'을 의미한다. 그러니까 '이성을 잃었다'는 뜻이 된다. 우리말에 '정말 돌겠네, 미쳐 버리겠네.'와 같은 의미다.

예 ▶ He lost his mind.
그 사람 미쳤어.

out of mind 역시 정신이 나갔다는 뜻이다.

예 ▶ Are you out of your mind?
너 정신 나갔어?

have in mind

여기서 **mind**는 마음속의 생각을 의미한다. 단순한 생각이라기보다 어떤 아이디어를 가지고 있을 때 '내 생각은 이렇다'는 느낌으로 쓰는 표현이다. 예를 들면 어떤 사람을 선택해야 하는 상황에서 이렇게 말할 수 있다.

예 ▶ Do you have someone in mind?
생각하고 있는 사람 있어?

read one's mind

말 그대로 마음을 읽는다는 뜻이다.

예 ▶ I wish I could read his mind.
그 남자 마음을 읽을 수 있었으면 좋겠어.

slip one's mind

'정신에서 미끄러지다', 즉 '잊었다'는 뜻이다.

예 ▶ It slipped my mind.
깜빡했어요.

14 NATION

national

nation은 한 정부 밑에서 같은 문화와 언어를 가진 국민 또는 그 국민으로 이루어진 국가를 뜻한다. national은 '전국적'이라는 뜻으로 '나라 전체와 관련되어 있다'는 의미다. 뉴스를 보면 national crisis라는 문구가 가끔 나온다. 이 말은 나라 전체에 영향을 끼치는 문제라는 뜻이다.

national team은 국가의 팀 그러니까 국가대표 팀이라는 뜻이다. 우리나라 국가대표 팀을 영어로 하면 Korean national team이 된다. 그러면 우리나라 국가대표 축구 팀을 영어로 어떻게 할까? 정답은 Korean national soccer team 또는 Korean national football team이라고 한다. team 앞에 종목만 넣어 주면 된다.

nationality

nationality는 국적이란 뜻이다. 그런데 여기서 약간의 차이가 있다. 우리는 국적을 물을 때 "국적이 어디입니까?"라고 하고 "한국."이라는 식으로 대답한다. 하지만 앞에서 말했듯이 nation의 첫 번째 뜻은 국민이다. 즉 사람을 뜻한다. 그래서 **"What is your nationality?"**를 해석하면 "어느 나라 사람입니까?"가 된다. 그래서 영어로는 국가가 아니라 국민을 말한다. 그래서 영어로 국적을 물으면 Korea가 아니라 Korean이라고 대답을 하는 것이 맞다.

영어, 특히 영어 회화를 공부하는 사람들은 native라는 단어가 참 익숙하다. native처럼 영어를 하고 싶어 하는 사람들이 많은데 가끔 사람들이 미국인한테 native American이냐고 묻는 경우가 있다. 그건 잘못된 표현이다. native는 나라나 지역에서 태어나고 자란 곳을 의미한다. 그래서 어떤 사람들은 미국인은 native American이라고 오해한다. 하지만 영국에서 사람들이 신대륙으로 넘어갔을 때 이미 그 땅엔 인디언들이 살고 있었다. 그래서 인디언들을 native American라고 부른다.

International

inter는 사이라는 뜻이 있다. 그래서 international은 나라와 나라 사이의, 즉 국제적이라는 뜻이 된다.

예 ▶ international airport
국제공항

예 ▶ international relations
국제관계

예 ▶ international law
국제법

예 ▶ international call
국제전화

15 PASS

전달하다

pass 하면 아마 가장 먼저 떠오르는 생각은 운동 경기에서 공을 패스하는 장면일 것이다. 그러니까 pass는 무엇을 준다는 뜻일까? 주는 건 give라는 단어가 있지 않나? pass는 단순히 달라는 뜻이 아니라 어떤 것을 전달해 주는 뜻이 있다. 조금 더 구체적으로 설명을 하면 어떤 것이 한 장소에서 다른 장소로 옮겨지는 것이다.

예 ▶ Pass me that book.
저 책 좀 줘.

예 ▶ Pass me the ball.
공을 나한테 줘.

지나가다

pass에는 '지나가다'라는 뜻도 있다.

예 ▶ I pass her house everyday.
나는 그녀 집 앞을 매일 지나간다.

예 ▶ The storm passed.
폭풍이 지나갔다.

추월하다

운전을 할 때 pass는 '추월하다'라는 뜻으로 사용한다. 운전 중 "Pass

that car." 라고 하면 "저 차를 추월해."라는 말이다. 추월 금지 구역에는 'NO PASSING'이란 표지판이 붙어 있다.

'NO TRESPASSING'이란 표지판도 있는데 이는 어떤 특정 구역에 들어오지 말라는 뜻이다. 출입 금지 또는 침입 금지라는 말이다. 질문에 대답을 못할 때 'pass'라고 하는 경우가 있는데 통과라는 뜻이다.

합격하다

pass는 '시험에서 합격하다'라는 뜻도 있다.

예 ▶ I passed the test.
나는 시험에 합격했다.

예 ▶ You have to pass three tests.
너는 세 가지 시험을 통과해야 돼.

pass away

pass away는 '돌아가시다(죽다)'라는 뜻이다. die와 같은 뜻인데 pass away가 훨씬 더 부드럽고 고급스런 표현이다.

예 ▶ My grandma passed away three years ago.
3년 전에 할머니가 돌아가셨어.

pass out

'기절하다' 또는 '의식을 잃다'라는 뜻이다.

예 ▶ He got drunk and passed out.
그는 술에 취해서 의식을 잃었다.

16 PORT

항구

port는 항구라는 뜻이다. 라틴어에서 온 단어인데, 라틴어로 porta나 portus는 문 또는 입장이란 뜻이다. 그래서 배가 다니는 문이라는 뜻으로 항구를 port라고 부르게 됐다. 예전에 배는 지금보다 훨씬 중요한 교통수단이었다. 이런 어원이나 배경을 이해하면 단어들을 외우기가 조금 쉬워진다.

나르다

port와 관련된 단어를 몇 가지를 더 살펴보자. 호텔이나 공항에 가면 짐을 운반하는 사람, 그러니까 짐꾼이 있는데 이들을 영어로 porter라고 한다. 항구에 배가 들어와서 물건들을 열심히 나르는 사람들을 생각하면 된다. 배가 들어와서 물건을 다른 곳으로 운송, 수송하는 것을 transport한다고 한다. 교통수단을 transportation이라고 하는 것과 같다.

포문, 창구

전에는 바다로 다녔지만 지금은 더 빨리 갈 수 있는 방법이 있다. 비행기다. 비행기 타는 곳을 영어로 하면? 그렇다. airport라고 한다. 다른 나라를 갈 때 꼭 챙겨야 하는 것이 있다. 문을 통과하려면, 그러니까 port를 pass하려면 꼭 필요한 것이 뭘까? 그렇다. passport가 필요하다. 그래서 여권을 passport라고 하는 것이다.

Import는 수입이란 뜻이다. 밖에서 안으로 가지고 들어오는 것을 말한다. 반대로 안에서 밖으로 내보내면 export다. 수입의 반대, 즉 수출이다.

예 ▶ This bag is an imported product.
이 가방은 수입품이야.

예 ▶ I am going to start my own export business.
나는 수출회사를 시작할 거야.

외국인이 다른 나라에서 큰 문제를 일으키면 어떻게 될까? 쫓아낸다. 다른 말로 추방을 시킨다고 하는데, 추방은 영어로 deport라고 한다.

인터넷에서 검색을 할 때 사람들이 개개인마다 주로 사용하는 사이트들이 있다. 예를 들면 네이버, 다음, 야후 같은 사이트다. 이런 사이트들을 portal sites라고 부른다. 여기서 말하는 portal은 큰 문이란 뜻이다.

17 **PRESS**

누르다

press의 기본 뜻은 '누르다'인데 push와 같은 의미로 사용하는 경우도 있다.

예 ▶ I pressed the button.
나는 버튼을 눌렀다.

운전할 때 '페달을 밟다'는 말을 쓰는데 이때는 push가 아니라 press를 사용한다.

예 ▶ I pressed the pedal.
나는 페달을 밟았다.

그러니까 손으로 press하면 '누르다'가 되고 발로 press하면 '밟다'가 된다. 시간이나 일 등에 쫓겨서 스트레스를 받으면 누군가 어깨 위에서 누르는 것 같다. 부담감에 짓눌리는 기분. 영어에서는 그 느낌을 그대로 쓰고 있다. '시간이 없다, 시간에 쫓기고 있다'는 press for time, '일이 밀려 있다'는 press with work를 쓴다.

혹시 wine press라는 말을 들어 본 적이 있는가. wine은 포도를 짜서 만든다. wine press는 포도를 짜는 도구를 말한다. press에 '짜내다'라는 뜻도 있는 것이다.

예 ▶ This machine is designed to press oranges.
이 기계는 오렌지를 짤 수 있도록 디자인됐다.

인쇄하다

인쇄소나 출판사, 출판부를 press라고 한다. 옛날에는 인쇄를 할 때 잉크를 묻혀서 눌렀다. 그래서 press라고 하는 것이다. publisher라는 단어를 쓰는 곳도 있지만 press를 사용하는 곳도 많이 있다. 특히 대학교 출판부들이 press를 많이 사용한다.

예 ▶ **This book is from Cambridge University Press.**
이 책은 케임브리지 대학교 출판부에서 만들었어.

뉴스나 기자를 press라고 부르기도 한다. press conference란 말을 들어봤을 것이다. 기자회견이라는 뜻이다. 정부나 회사에서 언론사 쪽에 주는 보도자료는 press release라고 한다. oppression of the press는 언론을 탄압하는 것이고 control press reports는 언론 보도를 통제하는 것이다. hot off the press는 직역하면 '뜨거운 인쇄물'인데 방금 인쇄된 아주 따끈따끈한 새로운 뉴스를 말한다.

예 ▶ **This book is hot off the press.**
이거 새로 출판된 책이야.

예 ▶ **This news is hot off the press.**
이 뉴스는 방금 들어온 뉴스야.

18 QUARTER

4분의 1

사전을 보면 잘 알겠지만 영어에는 Q로 시작하는 단어들이 상대적으로 적다. 그중 자주 사용하는 단어가 quarter이다. quarter의 가장 기본적인 뜻은 4분의 1이다.

예 ▶ The price went up by a quarter.
가격이 4분의 1 올랐다. → 가격이 25퍼센트 올랐다는 얘기다.

예 ▶ Cut the cake into quarters.
케이크를 4분의 1씩 잘라라. → 케이크를 4등분하라는 뜻이다.

4등분하라고 할 때는 quarter를 동사로 사용해도 된다. "Quarter the apples." 하면 사과들을 4등분하라는 뜻이 된다.

시간에서는 15분, 동전에서는 25센트

시간을 얘기할 때도 quarter를 자주 사용한다. 1시간은 60분, 60분을 4분의 1로 나누면 15분이다. 그래서 시간을 얘기할 때 quarter는 15분이라는 뜻이다. 6시 15분은 six fifteen 또는 quarter after six 또는 quarter past six로 쓸 수 있다. 6시 45분은 영어로 six forty-five 또는 quarter to seven이다.

우리나라에는 10원짜리, 50원짜리, 100원짜리, 500원짜리 동전이 있다. 미국과 캐나다에는 1센트, 5센트, 10센트, 25센트 동전이 있다. 물론 one cent coin, five-cent coin, ten-cent coin, twenty-five-cent coin이라고 말을 하지만 동전마다 이름이 있는데, 1센트 동전은 penny, 5센트 동전은 nickel, 10센트 동전은 dime 그리고 25센트 동전은 quarter라고 부른다. 1달러를 4로 나누면 25센트가 되기 때문이다.

예 ▶ Do you have a quarter?
너 25센트 있어?

예 ▶ Can I change this to four quarters, please?
이거 25센트 동전 4개로 바꿀 수 있을까요?

분기

회사원이라면 '일사분기 실적, 이사분기 실적'이라는 말을 자주 들어 봤을 것이다. 보통 1월부터 3월까지를 일사분기라고 하고 4월부터 6월까지는 이사분기라고 한다. 이렇게 연달아 있는 3개월, 즉 하나의 분기를 quarter라고 한다.

일사분기 first quarter
이사분기 second quarter
삼사분기 third quarter
사사분기 fourth quarter

예 ▶ The sales went up in the second quarter.
이사분기에 매출이 올랐다.

국내 영화 시장을 외국 영화로부터 보호하기 위해 운영하는 스크린쿼터에서 쿼터의 스펠링은 quota다. quarter와는 다르므로 헷갈리지 않도록 하자.

19 SALT

영어에는 소금과 관련된 단어들이 의외로 많다. 그만큼 소금이 오래전부터 중요한 역할을 해 왔기 때문이다. 어떤 단어들이 있는지 보자.

salad

예전에는 야채를 소금에 절여서 먹었다고 한다. 소금이 일종의 salad dressing이었던 것이다. 소금을 dressing으로 해서 먹는 야채라는 뜻에서 지금의 salad라는 말이 나왔다.

sauce

salad dressing을 다른 말로 하면 sauce(소스)다. sauce도 salt에서 나왔다. 예전에는 소금이 들어간 dressing을 sauce라고 불렀다.

sausage

소금에 절인 돼지고기라는 뜻이다.

salary

봉급하고 소금이 도대체 무슨 상관일까? 로마시대 때 군인들은 봉급을 소금으로 받았다고 한다. 그 당시에는 냉장고가 없었기 때문에 음식을 오래 보관하기 위해서 소금이 절대적으로 필요했다. 그렇기 때문에 소금은 없어서는 안 될 아주 중요한 필수품 중 하나였다.

not worth one's salt

소금만 한 가치도 없다? 여기서 말하는 소금 역시 월급을 의미한다. 자기 몫을 제대로 못하는 사람에게 쓰는 표현이다.

예 ▶ The new salesmen are not worth their salt.
새로 들어온 영업사원들이 제 몫을 못하고 있다.

earn one's salt

자기 소금을 벌다? 소금은 salary, 그러니까 돈을 번다는 뜻이다.

예 ▶ He is trying to earn his salt.
돈을 벌려고 열심이다.

salt of the earth

지구의 소금? 성경에서 나오는 구절이다. "You are the salt of the earth(너희는 세상에 소금이다)."에서 유래된 말로, 소금같이 꼭 필요한 사람을 뜻한다.

take it with a grain of salt

'액면 그대로 받아들이지 말고 알아서 걸러 내고 늘으라'는 뜻이다.

That's rubbing salt in the wound.

상처를 소금으로 문지르다? 그렇지 않아도 아픈 상처에 소금을 문지르면 어떻게 될까? '불난 집에 부채질한다'는 우리 속담과 같은 말이다.

20 SENSE

감각

sense는 감각이라는 뜻이다. 인간이 가진 신체 감각은 다섯 가지가 있다.

sense of sight 시각

sense of hearing 청각

sense of touch 촉각

sense of smell 후각

sense of taste 미각

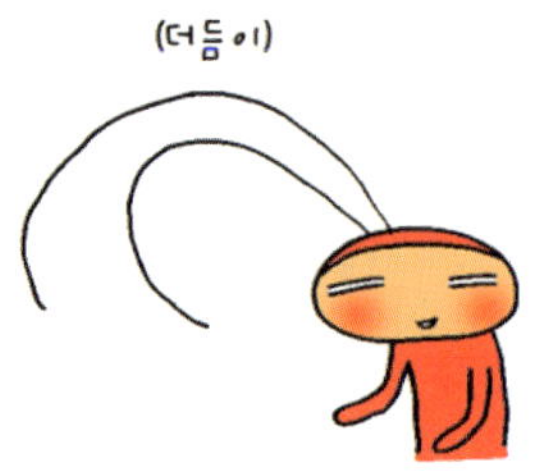

하지만 오감 외에도 옷을 잘 입는 사람에게 옷을 센스 있게 입는다고 하는데 이런 경우 sense of fashion이라고 표현한다.

예 ▶ **She has a sense of fashion.**
그녀는 패션 감각이 있어.

많은 사람들은 유머 감각이 뛰어난 사람들을 좋아하는데 유머 감각은 sense of humor다.

예 ▶ **He has a great sense of humor.**
그 남자는 유머 감각이 뛰어나.

길치는 방향 감각이 없는 사람을 말한다. 속어이기 때문에 영어에 '길치'라는 말은 없다. 방향 감각은 sense of direction이다. 그래서 방향 감각이 없는 사람을 말할 때는 이렇게 표현하면 된다.

예 ▶ He has no sense of direction.
그는 길치야.

분별력, 이치

sense는 '분별력, 이치', 즉 어떤 것을 이해하고 판단하는 감각이라는 뜻도 있다. 그래서 어떤 말을 듣고 "That makes sense."라고 하면 "말 되네."라는 의미다. 그럼 반대로 "It's doesn't make sense."는 어떤 뜻일까? "말이 안 된다.", "이치에 안 맞는다."라는 뜻이다.

예를 들어 친구가 영국으로 가게 됐다고 하자. 그래서 어제 공항까지 가서 친구가 떠나는 것까지 봤는데 다른 친구가 오늘 그 친구를 학교에서 봤다고 한다. 이게 말이 되나? 그때 이렇게 말하는 것이다.

예 ▶ That doesn't make sense!
말도 안 돼!

스타강사 유수연의 원 포인트 잉글리시

펴낸날	초판 1쇄 2011년 3월 22일
	초판 5쇄 2013년 10월 25일

지은이	유수연
펴낸이	심만수
펴낸곳	(주)살림출판사
출판등록	1989년 11월 1일 제9-210호

주소	경기도 파주시 문발동 522-1
전화	031-955-1350　　팩스　031-624-1356
홈페이지	http://www.sallimbooks.com
이메일	book@sallimbooks.com

ISBN　978-89-522-1562-8　　13740

※ 값은 뒤표지에 있습니다.
※ 잘못 만들어진 책은 구입하신 서점에서 바꾸어 드립니다.